浙江省地方标准

公路绿化设计规范

Specification for design of highway greening

DB 33/T 2062—2017

主编单位:浙江公路水运工程咨询公司
招商局重庆交通科研设计院有限公司
浙江省交通投资集团有限公司杭金衢分公司
浙江省交通规划设计研究院
批准部门:浙江省质量技术监督局
实施日期:2018 年 01 月 01 日

人民交通出版社股份有限公司

图书在版编目(CIP)数据

公路绿化设计规范 / 浙江公路水运工程咨询公司等主编. — 北京 ：人民交通出版社股份有限公司，2018.7

ISBN 978-7-114-14861-3

Ⅰ. ①公… Ⅱ. ①浙… Ⅲ. ①公路—道路绿化—设计规范 Ⅳ. ①U418.9-65

中国版本图书馆 CIP 数据核字(2018)第 147539 号

书　　名：公路绿化设计规范
著 作 者：浙江公路水运工程咨询公司
招商局重庆交通科研设计院有限公司
浙江省交通投资集团有限公司杭金衢分公司
浙江省交通规划设计研究院
责任编辑：黎小东
责任校对：刘　芹
责任印制：张　凯
出版发行：人民交通出版社股份有限公司
地　　址：(100011)北京市朝阳区安定门外外馆斜街 3 号
网　　址：http://www.ccpress.com.cn
销售电话：(010)59757973
总 经 销：人民交通出版社股份有限公司发行部
经　　销：各地新华书店
印　　刷：北京市密东印刷有限公司
开　　本：880×1230　1/16
印　　张：3.75
字　　数：108 千
版　　次：2018 年 7 月　第 1 版
印　　次：2018 年 7 月　第 1 次印刷
书　　号：ISBN 978-7-114-14861-3
定　　价：60.00 元

目　次

前　　言

本标准依据 GB/T 1.1—2009 给出的规则起草。

本标准由浙江省交通运输厅提出并归口。

本标准起草单位:浙江公路水运工程咨询公司、招商局重庆交通科研设计院有限公司、浙江省交通投资集团有限公司杭金衢分公司、浙江省交通规划设计研究院。

本标准主要起草人:祝婕、陈芳、陈菊根、宁琳、徐爱军、杨运兴、杨航卓、邓卫东、曹怡春、朱慧芳、胡亚琴、黄廷、张璐。

公路绿化设计规范

1 范围

本标准给出了浙江省公路绿化设计的基本要求，调查与资料收集，路侧绿化，分隔带绿化，桥梁绿化，隧道洞口绿化，路线交叉绿化，沿线设施绿化，取土场、弃土场绿化等的规定。

本标准适用于浙江省二级及以上新建和改扩建公路的绿化设计，二级以下公路绿化设计可参照执行。

2 规范性引用文件

下列文件对于本文件的应用是必不可少的。凡是注日期的引用文件，仅注日期的版本适用于本文件。凡是不注日期的引用文件，其最新版本（包括所有的修改单）适用于本文件。

GB 6000 主要造林树种苗木质量分级
GB 50420 城市绿地设计规范
CJ/T 24 城市绿化和园林绿地用植物材料 木本苗
CJ/T 340 绿化种植土壤
CJJ 82 园林绿化工程施工及验收规范
JT/T 647 公路绿化设计制图
LY/T 1000 容器育苗技术

3 术语和定义

下列术语和定义适用于本文件。

3.1

表土 surface soil

地层表面富含有机质和微生物的表层土。

3.2

微地形 micro-topography

在一定范围内，人为的按照自然地貌和起伏变化地势而构造的地形。

3.3

土壤自然安息角 soil natural angle of repose

土壤在自然堆积条件下，经过自然沉降稳定后的坡面与水平面之间所形成的最大夹角。

［改写 GB 50420—2007，定义 2.0.6］

3.4

高固碳植物 high carbon sequestration plant

在同等立地环境条件下，同一时间单位叶面积通过光合作用吸收二氧化碳量高的植物。

3.5

透景绿化 perspective greening

不遮挡驾乘人员视线，露出前方或沿线两侧景物的绿化形式。

3.6

规则式种植　regular planting

遵循几何式规则的种植形式。

3.7

自然式种植　irregular planting

没有固定的株行距,模仿自然植物群落的种植形式。

3.8

通视三角区　sight triangle

两相交道路间,应保证无任何视线障碍的三角形区域。

4　基本要求

4.1　一般规定

4.1.1　公路绿化应以恢复生态、保持水土、美化公路、改善行车环境为主要目标,遵循安全、协调、经济、生态、美观等基本原则。

4.1.2　公路绿化设计应与当地生态功能区划、农林保护利用规划、湿地保护规划、自然保护区总体规划等文件相适应。

4.1.3　公路绿化应与公路新建、改扩建工程同步规划、同步设计、同步实施、同步建成。

4.1.4　应综合考虑周边地形地貌、行政分区、历史人文等因素,做好绿化总体设计。

4.1.5　应根据公路功能定位、环境条件、地区经济发展状况等因素,合理确定公路绿化标准。

4.1.6　公路红线范围内道路两侧视线可达的可绿化区域应绿化。

4.1.7　应处理好与公路及周边设施的关系,绿化植物与架空线、地下管线及其他设施的距离应符合相关规定的要求。应考虑植物生长空间,植物不应侵入公路建筑限界、影响行车视距及遮挡交通安全设施。

4.1.8　应注重保护公路沿线古树名木和原有植被,改扩建公路应充分利用路域内原有植物。

4.1.9　应充分保护利用原有适宜种植的表土。

4.1.10　绿化区域应减少露土,在栽植乔木、灌木的基础上,宜选用地被植物覆盖。

4.1.11　应考虑场地的引排水要求,大面积绿化区域应考虑养护水源的引入,低洼处应考虑排水措施的设置。

4.2　选择与配置原则

4.2.1　应根据场地的功能、景观等要求,确定植物的品种和规格。

4.2.2　植物选择应遵循适地适树原则,选择适应场地立地条件、耐瘠薄、抗性强、不易诱发病虫害、适应粗放管养、苗源充足的非入侵性植物,优先选择高固碳植物。各绿化区域适用植物见附录A,其相应的植物习性见附录B,主要绿化植物特性见附录C。

4.2.3　植物配置应遵循因地制宜原则,考虑空间层次、色彩搭配、季相变化、生态习性等因素,合理配置基调树种和骨干树种。

4.2.4　大面积区域的绿化应合理搭配易养护的乔木、灌木和草本植物。

4.3　种植要求

4.3.1　苗木应符合 GB 6000、CJ/T 24、LY/T 1000 等规范的有关规定。

4.3.2　种植土质量应符合 CJ/T 340 的有关规定,不满足规定时应提出处理措施。

4.3.3　种植土有效土层厚度应符合 CJJ 82 的有关规定。

4.3.4 种植穴开挖以穴状整地为主,其他整地方式相结合。种植穴规格应符合 CJJ 82 的有关规定。

4.3.5 苗木种植应考虑季节因素。

4.4 微地形设计

4.4.1 隧道洞口渐变段、一般互通和沿线设施的绿化宜进行微地形设计;有特殊要求的枢纽互通,也可进行微地形设计。

4.4.2 应因地制宜、依势而就,充分考虑保护利用场地内原有的山体、植被和水体。

4.4.3 应保证场地内古树名木的生长环境。

4.4.4 微地形竖向设计高程应考虑土壤的自然沉降,坡度不宜超过土壤自然安息角,坡向和坡度应符合排水要求。

4.4.5 应保证土体自身的稳定,做好与土建结构物的衔接,不影响土建结构物的稳定安全。

4.5 设计文件编制

4.5.1 公路绿化设计图表绘制应符合 JT/T 647 的相关规定。

4.5.2 公路绿化设计包括初步设计阶段和施工图设计阶段,应与土建工程设计相适应。

4.5.3 初步设计应进行总体绿化方案比选,编制设计说明书、植物配置一览表、绿化工程数量表、绿化工程概算,绘制绿化标准横断面图及路侧、分隔带、桥梁、隧道洞口、路线交叉、沿线设施、取土场、弃土场等典型公路工程绿化设计图,以及相应的效果图。

4.5.4 施工图设计应编制设计说明书、植物配置一览表、绿化工程数量表、绿化工程预算。对标准的路侧、分隔带、取土场、弃土场等路段,应绘制标准绿化详图;对非标准的分隔带、各桥梁、各隧道洞口、各路线交叉、各沿线设施等应单独出图,绘制相应的平面布置图、立面图、剖面图、分区图、放线图等。微地形设计应绘制平面图、竖向设计图及排水设计图。

4.5.5 施工图设计说明中应提出松土除草、苗木补植、灌溉施肥、防护管理等养护管理要求。

4.5.6 公路绿化效果图见附录 D。

5 调查与资料收集

5.1 一般规定

5.1.1 应针对不同阶段设计深度的要求,开展相应的调查与资料收集工作。

5.1.2 改扩建公路应调查公路路域内原有植物及其生长情况。

5.1.3 施工过程中,应补充调查地质变化、场地变更等情况。

5.2 初步设计阶段

5.2.1 应收集相关规划文件、土建设计文件、政策及法律法规等资料。

5.2.2 应结合现场调查,收集以下资料:

a) 气候、水文、地形、地貌、地质、土壤、环境敏感点、历史文化遗产、自然保护区、自然与人文景观等;

b) 沿线植被分布情况和主要植被类型;

c) 苗木主要品种、规格、价格及苗木来源等。

5.3 施工图设计阶段

5.3.1 应收集土建施工图设计文件(含相关设计批复文件)等资料。

5.3.2 应在绿化初步设计阶段调查与资料收集的基础上,加强现场调查,需要时可开展相关的测试,深化 5.2.2 所需资料,形成可供施工图设计采用的文件。

6 路侧绿化

6.1 一般规定

6.1.1 路侧绿化包括路基边坡坡面的栽植绿化，以及碎落台、宽平台、土路肩、护坡道、填挖交界处、隔离栅内侧等区域的绿化。

6.1.2 应满足固土护坡、诱导行车视线等功能。

6.1.3 应充分结合沿线地形、地貌特点，形成与周围环境相协调的景观带。

6.1.4 不应影响路基防护工程的稳定。

6.1.5 靠近路肩区域不应栽植浅根性树种、速生树种和落果树种，高速公路靠近路肩区域不应栽植落叶树种。

6.2 植物选择与配置

6.2.1 宜选用根系发达、固土护坡能力强的乡土植物。

6.2.2 路基边坡坡面栽植绿化应结合防护工程统筹考虑，并符合以下要求：

a) 坡面宜以栽植灌木或袋苗为主；

b) 挡墙、浆砌片石护坡、石质边坡等难以绿化的坡面，可在坡脚种植攀缘植物，墙顶或坡顶等有条件的区域种植悬垂植物。

6.2.3 自然风光优美和弯道内侧路段宜采用透景绿化，植物选用以低矮灌木或地被植物为主。当透景绿化路段连续长度大于设计速度的5min 行程时，宜选用高大乔木点景。

6.2.4 学校、医院、住宅区等敏感区及附近路段宜选用防噪、防污染的植物；视觉环境不良的路段宜采用遮蔽绿化。种植范围应根据功能需求、场地条件等确定。

6.2.5 急弯路段外侧宜列植树形挺拔的乔木，诱导行车视线。

6.2.6 有特殊景观要求的路段宜进行特色绿化。

6.2.7 碎落台宜种植灌木或小乔木。

6.2.8 超挖碎落台和宽度大于 2.5m 的平台可采用自然式种植。

6.2.9 土路肩及外侧的地被植物不应阻水。

6.2.10 未硬化的护坡道宜撒播灌木、草本植物绿化，不宜种植根系横向生长、树冠大的乔木。

6.2.11 填挖交界处宜采用遮蔽绿化，植物选择以乔木为主。

6.2.12 隔离栅内侧可选用常绿灌木、刺篱类灌木或攀缘植物。

6.2.13 可选用刺篱类灌木替代传统隔离栅，刺篱类灌木选择见附录 B 中右上角标注“▲”植物。

6.2.14 隔声设施可视条件绿化。

6.2.15 植物栽植株距应根据树种特性、规格、景观要求等确定。速生乔木株距宜为 4m ~ 8m，双排栽植时行距宜 2m 以上，慢生乔木株距宜为 3m ~ 5m；冠幅小于 80cm 的灌木株距宜为 1.5m ~ 2.5m，冠幅大于或等于 80cm 的灌木株距宜为 2.5m ~ 4m；攀缘植物、悬垂植物株距宜为 0.5m ~ 1m。

6.2.16 除点景和特殊需求外，不宜选用大规格苗木。

7 分隔带绿化

7.1 一般规定

7.1.1 分隔带绿化包含整体式路基中央分隔带、分离式路基中间带以及机非隔离带的绿化。

7.1.2 整体式路基中央分隔带绿化应以满足防眩功能为主，兼顾美化环境功能；分离式路基中间带和机非隔离带绿化应以满足美化环境功能为主。

7.1.3 当中央分隔带宽度大于或等于9m,或上下行车道中心线高差大于2m,或路段有连续照明时,绿化可不考虑植物防眩功能。

7.1.4 分隔带宽度小于4m时,不应种植高大乔木。

7.1.5 中央分隔带开口部两侧各100m(设计速度大于或等于80km/h)或60m(设计速度等于60km/h)范围内,可逐渐降低防眩植物高度,由正常高度降至开口部端头高度(80cm)。

7.1.6 中央分隔带宜2km~6km变换植物品种或种植形式,可根据设计速度以及桥梁、隧道、互通式立交等节点的位置合理确定段落长度,但不宜频繁变化植物品种。

7.2 植物选择与配置

7.2.1 防眩植物应选择枝叶浓密、生长缓慢、耐修剪的常绿且不结果植物。

7.2.2 一般公路防眩植物修剪后高出路面高度宜大于1.6m,高速公路宜大于1.8m,凹形竖曲线路段的防眩灌木应根据凹曲线半径适当增高。

7.2.3 球状防眩灌木的冠幅不宜小于60cm。

7.2.4 小乔木分枝点高度应高于防眩灌木高度。

7.2.5 地被植物不应高于轮廓标。

7.2.6 中央分隔带宽度小于或等于3m时,宜采用规则式种植;宽度大于3m时,可采用规则式或自然式种植。植物配置模式宜符合表1的规定。

表1 植物配置模式

植物配置模式	中央分隔带宽度 d(m)	
	$d \leqslant 3$	$d > 3$
灌木型	适宜	不适宜
灌木+草本型	适宜	适宜
灌木+小乔木型	适宜	适宜
乔木+灌木+草本复合型	不适宜	适宜

7.2.7 防眩灌木株距应根据冠幅、防眩角度、道路线形等因素确定,单排种植时不宜大于冠幅的5倍。

7.2.8 分离式路基中间带绿化植物选择与配置可按照9.2.3执行。

8 桥梁绿化

8.1 一般规定

8.1.1 桥梁绿化包含桥梁两侧、桥底、桥墩、桥梁中央分隔带和桥台锥坡的绿化。

8.1.2 应综合考虑场地条件、驾乘人员视线可达程度等因素,合理确定植物选择与配置。

8.1.3 需要绿化的桥梁中央分隔带,绿化应以满足防眩功能为主,且不超过桥梁容许负载范围。

8.2 植物选择与配置

8.2.1 立地条件允许的情况下,视线可达区域可采用植物造景,视线不可达区域复绿即可。

8.2.2 有特殊景观要求的路段,桥梁两侧可采用挂箱垂直绿化,桥底绿化可选用耐阴植物造景,桥墩可选用攀缘植物绿化。

8.2.3 桥梁中央分隔带应选用灌木和草本植物。

8.2.4 立地条件允许的情况下,桥台锥坡前宜采用遮蔽绿化。

9 隧道洞口绿化

9.1 一般规定

9.1.1 隧道洞口绿化包含洞口边仰坡、洞门、洞顶与渐变段的绿化。如左右洞前后错开,还包含两洞口错开段,即洞间的种植绿化。

9.1.2 各区域绿化应统筹考虑,相互协调。

9.1.3 应起到减小洞内外亮度差、减少洞间尾气回流、稳定边仰坡的作用。

9.2 植物选择与配置

9.2.1 边仰坡绿化应尽量保护、保留坡体周边原生植被,侧重生态修复,宜灌木、藤本和草本植物相结合,并应与周边环境相融合。

9.2.2 端墙式洞门绿化应与端墙景观相协调。墙面不宜强行绿化,如需绿化,宜选用攀缘、悬垂植物。

9.2.3 洞顶回填区宜选用灌木和草本植物为主。

9.2.4 分离式隧道洞口渐变段绿化应考虑与一般路段中央分隔带的衔接过渡,根据渐变段长度、宽度及行车方向,考虑洞口亮度明暗过渡和防眩要求,并结合交通安全设施布局,确定植物品种与配置模式。

9.2.5 洞间根据立地条件可适当采用遮蔽绿化或垂直绿化,宜选用乔木、灌木、攀缘植物和悬垂植物。

10 路线交叉绿化

10.1 一般规定

10.1.1 路线交叉绿化包含平面交叉口、一般互通和枢纽互通的绿化。

10.1.2 互通匝道边坡及围合区绿化应整体设计,并与周边环境相协调。

10.1.3 应综合考虑场地条件、驾乘人员视线可达程度等因素,合理确定植物选择与配置。

10.2 植物选择与配置

10.2.1 平面交叉口绿化应以满足交通诱导功能为主,兼顾美化环境功能。

10.2.2 一般互通绿化宜以乔木为主,灌木为辅,采用丛植、片植等绿化方式,不宜过于精细琐碎。

10.2.3 枢纽互通宜保持用地现状,若无特殊景观要求复绿即可。

10.2.4 植物品种不宜过多,应尽量选用乡土树种,体现地方特色,不宜选用名贵树种。

10.2.5 立地条件允许的情况下,视线可达区域可采用植物造景,视线不可达区域复绿即可。

10.2.6 有特殊景观要求的互通,绿化宜注重景观性,可采用大树孤植、疏林草地、乔木林植等植物造景方式。

10.2.7 有特殊景观要求的互通,可增设体现当地人文历史的景观小品。

10.2.8 互通匝道外侧宜列植树形挺拔的乔木,诱导行车视线。

10.2.9 通视三角区内宜选用低矮灌木或地被植物为主,不宜选用乔木。

11 沿线设施绿化

11.1 一般规定

11.1.1 沿线设施绿化包含服务区(站)、停车区、公共汽车停靠站等服务设施,以及管理中心、管理站、养护中心等管理设施的绿化。

11.1.2 沿线设施绿化应满足安全、美化、引导、隔离、防尘、降噪等功能；服务设施及有特殊景观要求的，还应满足遮阴、休憩等功能。

11.1.3 应结合建筑朝向、区内道路、地下构筑物、场地竖向布置、地下管线、交通流线、标志牌分布、驾乘人员视线等，进行综合设计。

11.2 植物选择与配置

11.2.1 植物选择应乔木、灌木和草本植物相结合，速生树种与慢生树种相结合，常绿树种与落叶树种相结合。

11.2.2 景观要求较高的区域可采用庭园式园林绿化方式。

11.2.3 主服务楼绿化应注重景观性，突出建筑入口，保证视线通透。

11.2.4 住宿区绿化可选用香花和驱蚊植物。

11.2.5 停车场绿化应保证视线通透，植物栽植株距应满足大、中型客货车通行与停车要求。植物宜以庭荫乔木为主，搭配灌木和草本植物，满足遮阴功能。乔木分枝点高度应满足停车位净空高度规定，小型车停车区不低于2.5m，中型车停车区不低于3.5m，大型车停车区不低于4.5m。

11.2.6 出入口绿化应具有引导性和提示性，宜列植树形挺拔的乔木，诱导行车视线。

11.2.7 高速公路与沿线设施之间的隔离带宜采用遮蔽绿化，密植抗风、阻尘的高大乔木，出口处植物不应遮挡驾乘人员视线。

11.2.8 加油站区域绿化不应选用油脂、毛絮植物，不应遮挡消防通道内行车视线，加油站与消防通道之间不宜种植绿篱或灌丛，加油站、加气站罐组防火堤内不应种植树木。

11.2.9 汽车维修、辅助设备用房等环境不良的区域宜采用遮蔽绿化，起到隔离的作用。

11.2.10 建筑周边绿化应考虑植物与建筑门窗的关系，保证建筑通风、采光的要求，乔木种植点与建筑有窗立面的距离宜不小于5m。

11.2.11 宜选用乡土树种，体现地方特色，可选用观花、观叶、观果、香花植物，增加景观性、季相性、趣味性，不宜选用名贵树种。

11.2.12 行道树不宜选用落果树种。

12 取土场、弃土场绿化

12.1 一般规定

12.1.1 取土场、弃土场绿化包含取土场与弃土场范围内的绿化。

12.1.2 取土场、弃土场绿化应满足生态修复、防止水土流失、美化环境等功能。

12.1.3 取土场、弃土场绿化应与地方农林规划、土地利用规划相结合，根据周边环境、场地条件、视线可达情况等，分类绿化，优先复耕。

12.2 植物选择与配置

12.2.1 应选择耐瘠薄、固土能力强、生长速度快的植物。

12.2.2 取土场、弃土场绿化宜以生态修复为主。

12.2.3 视线可达的取土场、弃土场，宜选用乔木、灌木进行遮蔽绿化，视线不可达的宜撒播灌木和草本植物绿化。

附　录　A
（规范性附录）
浙江省植物立地区域划分及植物选择表

A.1　浙江省植物立地区域划分如图 A.1 所示的五个分区，分别为Ⅰ区浙北平原区、Ⅱ区浙西山地丘陵区、Ⅲ区浙中丘陵盆地区、Ⅳ区浙南山地区、Ⅴ区浙东沿海丘陵海岛区。

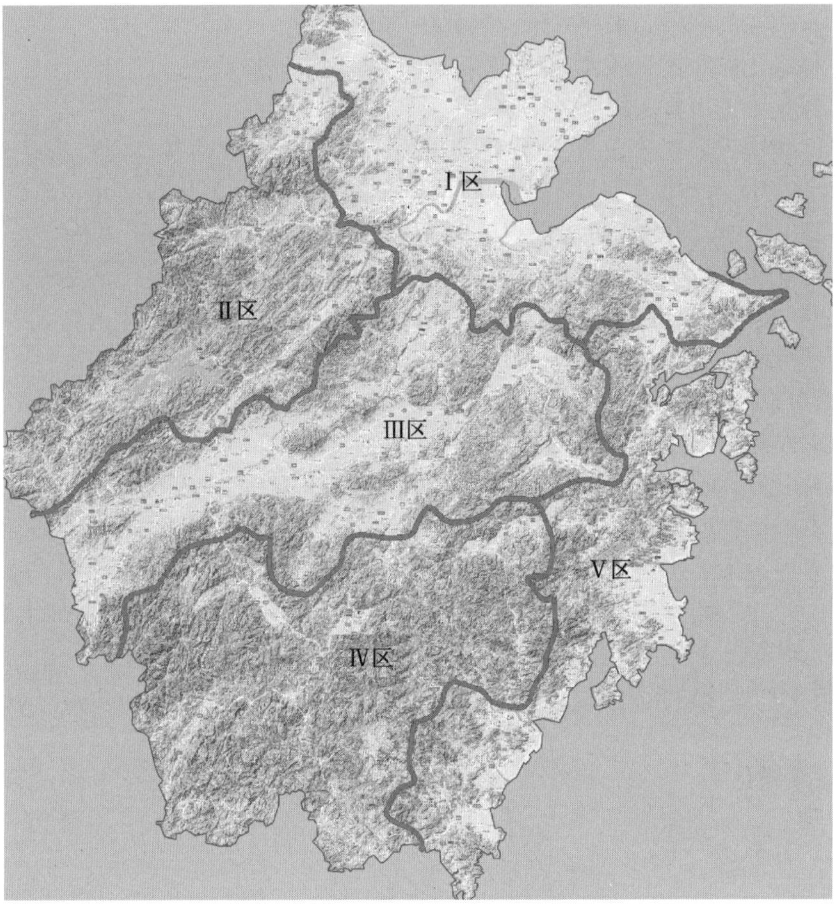

图 A.1　浙江省植物立地区域划分

A.2　各区包括的城市如下：

Ⅰ区浙北平原区主要包括：杭州市区、湖州市区、长兴县、德清县、嘉兴市、嘉善县、平湖市、海盐县、桐乡市、海宁市、宁波市区、余姚市、慈溪市、绍兴市区；

Ⅱ区浙西山地丘陵区主要包括：安吉县、富阳区、临安市、桐庐县、淳安县、建德市、开化县；

Ⅲ区浙中丘陵盆地区主要包括：诸暨市、嵊州市、新昌县、金华市区、武义县、浦江县、磐安县、兰溪市、义乌市、东阳市、永康市、衢州市区、常山县、龙游县、江山市、天台县；

Ⅳ区浙南山地区主要包括：丽水市区、青田县、缙云县、遂昌县、松阳县、云和县、庆元县、景宁县、龙泉市、仙居县、永嘉县、文成县、泰顺县；

Ⅴ区浙东沿海丘陵海岛区主要包括：舟山市区、岱山县、嵊泗县、象山县、宁海县、奉化区、台州市区、玉环市、三门县、温岭市、临海市、温州市区、平阳县、苍南县、瑞安市、乐清市。

A.3 各分区内公路工程区域的植物选择见表 A.1 ~ 表 A.5。

表 A.1 Ⅰ区浙北平原区植物选择表

公路工程区域	植物名称及编号
路侧	**乔木**:日本冷杉 003,白皮松 005,湿地松 006,马尾松 007,水杉 012,墨西哥落羽杉 015,侧柏 020,桧柏 022,龙柏 023,意杨 033,白栎 046,珊瑚朴 047,榔榆 049,榆树 050,榉树 051,广玉兰 061,紫玉兰 062,浙江樟 068,红楠 071,浙江楠 072,厚皮香 088,二球悬铃木 091,碧桃 098,海棠花 109,紫叶李 112,合欢 120,皂荚 124,槐树 127,龙爪槐 128,重阳木 132,乌桕 134,枳 136,苦楝 138,青榨槭 142,鸡爪槭 143,红枫 144,黄山栾树 145,栾树 146,无患子 147,七叶树 148,冬青 149,大叶冬青 153,枳椇 161,梧桐 168,紫薇 171,花石榴 172,喜树 175,刺楸 181,油柿 186,大叶女贞 190,女贞 192,桂花 195 **灌木**:铺地柏 025,日本小檗 075,南天竹 079,山茶 083,茶梅 085,红花檵木 094,溲疏 095,红叶石楠 110,石楠 111,火棘 113,月季 115,金樱子 117,绣线菊 119,紫穗槐 121,黄花决明 122,紫荆 123,枸骨 151,雀舌黄杨 158,大叶黄杨 159,黄杨 160,马甲子 162,胡颓子 170,云南黄素馨 187,迎春 188,金叶女贞 189,小叶女贞 193,夹竹桃 199,六道木 210,金银花 212,珊瑚树 214 **藤本**:薜荔 056,木通 080,三叶木通 081,紫藤 130,雀梅藤 163,爬山虎 164,中华常春藤 180,络石 201,花叶蔓 202,凌霄 208 **草本**:诸葛菜 090,白三叶 129,红花酢浆草 131,马蹄金 205,连钱草 206,金鸡菊 216,山麦冬 220,萱草 222,沿阶草 226,吉祥草 227,石蒜 228,换锦花 229,葱兰 230,韭兰 231,蝴蝶花 232,假俭草 234,狗牙根 237,黑麦草 240,早熟禾 246,香根草 248,结缕草 249,中华结缕草 251,细叶结缕草 252,石菖蒲 254
分隔带	**乔木**:桧柏 022,龙柏 023,浙江楠 072,厚皮香 088,东京樱花 102,紫叶李 112,鸡爪槭 143,红枫 144,冬青 149,紫薇 171,桂花 195 **灌木**:山茶 083,蚊母树 092,红花檵木 094,红叶石楠 110,石楠 111,月季 115,金边黄杨 156,雀舌黄杨 158,大叶黄杨 159,黄杨 160,木槿 167,瑞香 169,金叶女贞 189,金森女贞 191,小叶女贞 193,珊瑚树 214 **竹类**:孝顺竹 236,菲白竹 247 **草本**:白三叶 129,马蹄金 205,山麦冬 220,沿阶草 226,葱兰 230,韭兰 231,假俭草 234,结缕草 249,中华结缕草 251,细叶结缕草 252
桥梁	**乔木**:日本冷杉 003,湿地松 006,马尾松 007,水杉 012,池杉 013,日本扁柏 016,云片柏 017,日本花柏 018,侧柏 020,桧柏 022,龙柏 023,蜀桧 024,杨梅 030,垂柳 034,榉树 051,杜仲 052,广玉兰 061,二乔玉兰 063,浙江樟 068,华东楠 070,红楠 071,浙江楠 072,檫木 074,美人茶 086,木荷 087,厚皮香 088,枫香 093,碧桃 098,东京樱花 102,日本早樱 103,垂丝海棠 108,海棠花 109,紫叶李 112,沙梨 114,合欢 120,皂荚 124,槐树 127,重阳木 132,南酸枣 133,乌桕 134,香椿 135,臭椿 137,川楝 139,三角枫 141,青榨槭 142,鸡爪槭 143,红枫 144,黄山栾树 145,栾树 146,七叶树 148,冬青 149,红果冬青 150,丝棉木 157,紫薇 171,花石榴 172,八角枫 174,喜树 175,四照花 178,刺楸 181,油柿 186,大叶女贞 190,女贞 192,桂花 195 **灌木**:千头柏 021,粗榧 028,日本小檗 075,红叶小檗 076,山茶 083,蚊母树 092,红花檵木 094,贴梗海棠 105,棣棠 107,红叶石楠 110,石楠 111,火棘 113,月季 115,麻叶绣线菊 118,黄花决明 122,紫荆 123,无刺枸骨 152,金边黄杨 156,雀舌黄杨 158,大叶黄杨 159,黄杨 160,木槿 167,瑞香 169,胡颓子 170,洒金珊瑚 177,八角金盘 179,毛鹃 182,云南黄素馨 187,迎春 188,金叶女贞 189,金森女贞 191,小叶女贞 193,夹竹桃 199,金边大花六道木 209,珊瑚树 214

表 A.1 Ⅰ区浙北平原区植物选择表(续)

公路工程区域	植物名称及编号
桥梁	**竹类**:凤尾竹 233,孝顺竹 236,淡竹 241,紫竹 243,刚竹 245,菲白竹 247 **藤本**:薜荔 056,木通 080,三叶木通 081,紫藤 130,雀梅藤 163,爬山虎 164,中华常春藤 180,花叶络石 200,花叶蔓 202,凌霄 208 **草本**:诸葛菜 090,白三叶 129,红花酢浆草 131,金叶过路黄 184,马蹄金 205,连钱草 206,金鸡菊 216,金边阔叶麦冬 218,阔叶麦冬 219,麦冬 221,萱草 222,大花萱草 223,玉簪 224,兰花三七 225,沿阶草 226,吉祥草 227,换锦花 229,葱兰 230,韭兰 231,假俭草 234,黑麦草 240,早熟禾 246,香根草 248,结缕草 249,中华结缕草 251,细叶结缕草 252
隧道洞口	**乔木**:日本冷杉 003,白皮松 005,湿地松 006,日本五针松 008,侧柏 020,桧柏 022,北美圆柏 026,杨梅 030,意杨 033,榜树 037,槲栎 045,榔榆 049,榆树 050,榉树 051,广玉兰 061,二乔玉兰 063,浙江楠 072,檫木 074,美人茶 086,木荷 087,厚皮香 088,枫香 093,碧桃 098,日本晚樱 101,日本早樱 103,垂丝海棠 108,海棠花 109,紫叶李 112,合欢 120,槐树 127,黄连木 140,三角枫 141,青榨槭 142,鸡爪槭 143,红枫 144,黄山栾树 145,栾树 146,无患子 147,七叶树 148,冬青 149,红果冬青 150,紫薇 171,花石榴 172,四照花 178,大叶女贞 190,桂花 195,银桂 196 **灌木**:苏铁 001,日本小檗 075,红叶小檗 076,南天竹 079,金丝桃 089,蚊母树 092,红花檵木 094,溲疏 095,贴梗海棠 105,红叶石楠 110,石楠 111,月季 115,绣线菊 119,黄花决明 122,紫荆 123,无刺枸骨 152,金边黄杨 156,雀舌黄杨 158,大叶黄杨 159,黄杨 160,瑞香 169,八角金盘 179,毛鹃 182,云南黄素馨 187,迎春 188,金叶女贞 189,金森女贞 191,小叶女贞 193,四季桂 197,金边大花六道木 209,六道木 210,金银花 212,珊瑚树 214 **竹类**:凤尾竹 233,孝顺竹 236,淡竹 241,紫竹 243,雷竹 244,刚竹 245,菲白竹 247 **藤本**:薜荔 056,木通 080,三叶木通 081,紫藤 130,雀梅藤 163,爬山虎 164,中华常春藤 180,花叶络石 200,络石 201,花叶蔓 202,凌霄 208 **草本**:诸葛菜 090,白三叶 129,红花酢浆草 131,金叶过路黄 184,马蹄金 205,金鸡菊 216,金边阔叶麦冬 218,阔叶麦冬 219,山麦冬 220,麦冬 221,萱草 222,大花萱草 223,玉簪 224,兰花三七 225,沿阶草 226,吉祥草 227,石蒜 228,葱兰 230,假俭草 234,黑麦草 240,早熟禾 246,结缕草 249,中华结缕草 251,细叶结缕草 252,石菖蒲 254,旱伞草 255,美人蕉 257
路线交叉	**乔木**:日本冷杉 003,湿地松 006,马尾松 007,水杉 012,池杉 013,日本扁柏 016,云片柏 017,日本花柏 018,侧柏 020,桧柏 022,龙柏 023,杨梅 030,薄壳山核桃 031,意杨 033,垂柳 034,桤木 035,榜树 037,钩栗 040,白栎 046,珊瑚朴 047,朴树 048,榔榆 049,榆树 050,榉树 051,杜仲 052,广玉兰 061,二乔玉兰 063,浙江樟 068,华东楠 070,红楠 071,浙江楠 072,檫木 074,美人茶 086,木荷 087,厚皮香 088,二球悬铃木 091,枫香 093,碧桃 098,日本早樱 103,垂丝海棠 108,海棠花 109,紫叶李 112,沙梨 114,合欢 120,皂荚 124,槐树 127,重阳木 132,南酸枣 133,乌桕 134,香椿 135,臭椿 137,川楝 139,三角枫 141,青榨槭 142,鸡爪槭 143,红枫 144,黄山栾树 145,栾树 146,七叶树 148,冬青 149,红果冬青 150,丝棉木 157,枳椇 161,梧桐 168,紫薇 171,花石榴 172,八角枫 174,喜树 175,四照花 178,刺楸 181,油柿 186,大叶女贞 190,女贞 192,桂花 195,银桂 196 **灌木**:苏铁 001,千头柏 021,粗榧 028,日本小檗 075,红叶小檗 076,红花檵木 094,溲疏 095,贴梗海棠 105,棣棠 107,红叶石楠 110,石楠 111,火棘 113,月季 115,麻叶绣线菊 118,绣线菊 119,黄花决明 122,紫荆 123,无刺枸骨 152,金边黄杨 156,雀舌黄杨 158,大叶黄杨 159,黄杨 160,胡颓子 170,洒金珊瑚 177,八角金盘 179,毛鹃 182,金叶女贞 189,金森女贞 191,小叶女贞 193,四季桂 197,夹竹桃 199,金边大花六道木 209,六道木 210,金银花 212,珊瑚树 214

表 A.1　Ⅰ区浙北平原区植物选择表(续)

公路工程区域	植物名称及编号
路线交叉	**竹类:**凤尾竹 233,淡竹 241,紫竹 243,雷竹 244,刚竹 245,菲白竹 247 **藤本:**薜荔 056,木通 080,三叶木通 081,紫藤 130,雀梅藤 163,爬山虎 164,中华常春藤 180,花叶络石 200,络石 201,花叶蔓 202,凌霄 208 **草本:**诸葛菜 090,白三叶 129,红花酢浆草 131,金叶过路黄 184,马蹄金 205,连钱草 206,金鸡菊 216,金边阔叶麦冬 218,阔叶麦冬 219,麦冬 221,萱草 222,大花萱草 223,玉簪 224,兰花三七 225,沿阶草 226,吉祥草 227,换锦花 229,葱兰 230,韭兰 231,假俭草 234,黑麦草 240,早熟禾 246,香根草 248,结缕草 249,中华结缕草 251,细叶结缕草 252,石菖蒲 254,旱伞草 255
沿线设施	**乔木:**日本冷杉 003,白皮松 005,湿地松 006,马尾松 007,日本五针松 008,金钱松 010,水杉 012,池杉 013,墨西哥落羽杉 015,日本扁柏 016,云片柏 017,日本花柏 018,侧柏 020,桧柏 022,北美圆柏 026,杨梅 030,薄壳山核桃 031,枫杨 032,意杨 033,垂柳 034,桤木 035,栲树 037,钩栗 040,青冈栎 041,石栎 043,槲栎 045,珊瑚朴 047,榔榆 049,榆树 050,榉树 051,杜仲 052,广玉兰 061,紫玉兰 062,二乔玉兰 063,浙江樟 068,华东楠 070,红楠 071,浙江楠 072,紫楠 073,檫木 074,美人茶 086,木荷 087,厚皮香 088,二球悬铃木 091,梅花 099,杏 100,日本晚樱 101,日本早樱 103,木瓜 104,枇杷 106,垂丝海棠 108,海棠花 109,紫叶李 112,合欢 120,皂荚 124,刺槐 126,槐树 127,龙爪槐 128,重阳木 132,南酸枣 133,香椿 135,苦楝 138,川楝 139,三角枫 141,青榨槭 142,鸡爪槭 143,红枫 144,黄山栾树 145,栾树 146,七叶树 148,冬青 149,红果冬青 150,大叶冬青 153,丝棉木 157,枳椇 161,梧桐 168,紫薇 171,花石榴 172,石榴 173,八角枫 174,喜树 175,四照花 178,刺楸 181,油柿 186,大叶女贞 190,女贞 192,桂花 195,银桂 196 **灌木:**苏铁 001,千头柏 021,铺地柏 025,粗榧 028,含笑 065,日本小檗 075,红叶小檗 076,南天竹 079,山茶 083,金丝桃 089,蚊母树 092,红花檵木 094,溲疏 095,八仙花 096,贴梗海棠 105,棣棠 107,红叶石楠 110,石楠 111,火棘 113,月季 115,丰花月季 116,麻叶绣线菊 118,绣线菊 119,黄花决明 122,紫荆 123,无刺枸骨 152,金边黄杨 156,雀舌黄杨 158,大叶黄杨 159,黄杨 160,木槿 167,瑞香 169,洒金珊瑚 177,八角金盘 179,毛鹃 182,云南黄素馨 187,迎春 188,金叶女贞 189,金森女贞 191,小叶女贞 193,小蜡 194,四季桂 197,夹竹桃 199,金边大花六道木 209,六道木 210,金银花 212,金银木 213,珊瑚树 214,海仙花 215 **竹类:**凤尾竹 233,孝顺竹 236,淡竹 241,紫竹 243,雷竹 244,刚竹 245,菲白竹 247 **藤本:**薜荔 056,木通 080,三叶木通 081,紫藤 130,雀梅藤 163,爬山虎 164,中华常春藤 180,花叶络石 200,络石 201,花叶蔓 202,凌霄 208 **草本:**常夏石竹 058,诸葛菜 090,白三叶 129,红花酢浆草 131,金叶过路黄 184,马蹄金 205,连钱草 206,一串红 207,金鸡菊 216,大吴风草 217,金边阔叶麦冬 218,阔叶麦冬 219,山麦冬 220,麦冬 221,萱草 222,大花萱草 223,玉簪 224,兰花三七 225,沿阶草 226,吉祥草 227,石蒜 228,葱兰 230,韭兰 231,蝴蝶花 232,假俭草 234,黑麦草 240,早熟禾 246,香根草 248,结缕草 249,中华结缕草 251,细叶结缕草 252,石菖蒲 254,旱伞草 255,花叶美人蕉 256,美人蕉 257
取土场、弃土场	**乔木:**湿地松 006,侧柏 020,北美圆柏 026,意杨 033,沙梨 114,合欢 120,皂荚 124,槐树 127,苦楝 138,黄连木 140,黄山栾树 145,女贞 192 **灌木:**千头柏 021,日本小檗 075,火棘 113,黄花决明 122,夹竹桃 199 **竹类:**菲白竹 247 **草本:**白三叶 129,红花酢浆草 131,萱草 222,假俭草 234,狗牙根 237,黑麦草 240,早熟禾 246,香根草 248,结缕草 249,细叶结缕草 252,石菖蒲 254

表 A.2 Ⅱ区浙西山地丘陵区植物选择表

公路工程区域	植物名称及编号
路侧	**乔木**:银杏 002,日本冷杉 003,湿地松 006,柳杉 011,水杉 012,桧柏 022,意杨 033,甜槠 036,苦槠 039,麻栎 044,白栎 046,珊瑚朴 047,榔榆 049,榉树 051,广玉兰 061,紫玉兰 062,浙江樟 068,天目木姜子 069,红楠 071,浙江楠 072,厚皮香 088,二球悬铃木 091,碧桃 098,紫叶李 112,合欢 120,皂荚 124,槐树 127,龙爪槐 128,乌柏 134,枳 136,苦楝 138,青榨槭 142,鸡爪槭 143,红枫 144,黄山栾树 145,栾树 146,无患子 147,七叶树 148,冬青 149,大叶冬青 153,枳椇 161,杜英 165,梧桐 168,紫薇 171,喜树 175,刺楸 181,油柿 186,大叶女贞 190,女贞 192,桂花 195 **灌木**:铺地柏 025,日本小檗 075,阔叶十大功劳 078,南天竹 079,油茶 084,茶梅 085,红花檵木 094,溲疏 095,红叶石楠 110,石楠 111,月季 115,金樱子 117,绣线菊 119,紫穗槐 121,黄花决明 122,紫荆 123,枸骨 151,雀舌黄杨 158,大叶黄杨 159,黄杨 160,马甲子 162,瑞香 169,胡颓子 170,杜鹃 183,小叶女贞 193,醉鱼草 198, 夹竹桃 199,六道木 210,金银花 212,珊瑚树 214 **藤本**:薜荔 056,木通 080,三叶木通 081,常春油麻藤 125,紫藤 130,扶芳藤 154,雀梅藤 163,爬山虎 164,中华常春藤 180,络石 201,花叶蔓 202,凌霄 208 **草本**:诸葛菜 090,红花酢浆草 131,马蹄金 205,连钱草 206,金鸡菊 216,山麦冬 220,萱草 222,沿阶草 226,吉祥草 227,石蒜 228,葱兰 230,韭兰 231,蝴蝶花 232,假俭草 234,狗牙根 237,黑麦草 240,早熟禾 246,香根草 248,结缕草 249,马尼拉草 250,石菖蒲 254
分隔带	**乔木**:桧柏 022,浙江楠 072,厚皮香 088,紫叶李 112,鸡爪槭 143,红枫 144,冬青 149,紫薇 171,桂花 195 **灌木**:红花檵木 094,红叶石楠 110,石楠 111,月季 115,金边黄杨 156,雀舌黄杨 158,大叶黄杨 159,黄杨 160,木槿 167,瑞香 169,金森女贞 191,小叶女贞 193,珊瑚树 214 **竹类**:孝顺竹 236,菲白竹 247 **草本**:马蹄金 205,山麦冬 220,沿阶草 226,葱兰 230,韭兰 231,假俭草 234,结缕草 249,马尼拉草 250
桥梁	**乔木**:日本冷杉 003,雪松 004,湿地松 006,水杉 012,池杉 013,柏木 019,桧柏 022,蜀桧 024,杨梅 030,垂柳 034,榉树 051,杜仲 052,鹅掌楸 059,广玉兰 061,二乔玉兰 063,浙江樟 068,天目木姜子 069,华东楠 070,红楠 071,浙江楠 072,檫木 074,美人茶 086,木荷 087,厚皮香 088,枫香 093,碧桃 098,日本早樱 103,紫叶李 112,沙梨 114,合欢 120,皂荚 124,槐树 127,南酸枣 133,乌柏 134,香椿 135,臭椿 137,三角枫 141,青榨槭 142,鸡爪槭 143,红枫 144,黄山栾树 145,栾树 146,七叶树 148,冬青 149,红果冬青 150,丝棉木 157,紫薇 171,花石榴 172,八角枫 174,喜树 175,四照花 178,刺楸 181,油柿 186,大叶女贞 190,女贞 192,桂花 195 **灌木**:粗榧 028,日本小檗 075,红叶小檗 076,阔叶十大功劳 078,红花檵木 094,贴梗海棠 105,棣棠 107,红叶石楠 110,石楠 111,月季 115,麻叶绣线菊 118,黄花决明 122,紫荆 123,无刺枸骨 152,金边黄杨 156,雀舌黄杨 158,大叶黄杨 159,黄杨 160,木槿 167,瑞香 169,胡颓子 170,洒金珊瑚 177,毛鹃 182,云南黄素馨 187,迎春 188,金森女贞 191,小叶女贞 193,夹竹桃 199,金边大花六道木 209,珊瑚树 214 **竹类**:凤尾竹 233,孝顺竹 236,箬竹 239,淡竹 241,紫竹 243,菲白竹 247 **藤本**:薜荔 056,木通 080,三叶木通 081,常春油麻藤 125,紫藤 130,扶芳藤 154,雀梅藤 163,爬山虎 164,中华常春藤 180,花叶络石 200,络石 201,花叶蔓 202,凌霄 208

表 A.2 Ⅱ区浙西山地丘陵区植物选择表(续)

公路工程区域	植物名称及编号
桥梁	**草本**:诸葛菜 090,红花酢浆草 131,金叶过路黄 184,马蹄金 205,连钱草 206,金鸡菊 216,金边阔叶麦冬 218,阔叶麦冬 219,山麦冬 220,麦冬 221,萱草 222,大花萱草 223,玉簪 224,兰花三七 225,沿阶草 226,吉祥草 227,葱兰 230,韭兰 231,假俭草 234,羊茅 238,黑麦草 240,早熟禾 246,香根草 248,结缕草 249,马尼拉草 250
隧道洞口	**乔木**:日本冷杉 003,雪松 004,湿地松 006,桧柏 022,北美圆柏 026,杨梅 030,意杨 033,甜槠 036,栲树 037,苦槠 039,麻栎 044,榔榆 049,榉树 051,鹅掌楸 059,广玉兰 061,二乔玉兰 063,浙江楠 072,檫木 074,美人茶 086,木荷 087,厚皮香 088,枫香 093,碧桃 098,日本早樱 103,紫叶李 112,合欢 120,槐树 127,黄连木 140,三角枫 141,青榨槭 142,鸡爪槭 143,红枫 144,黄山栾树 145,栾树 146,无患子 147,七叶树 148,冬青 149,红果冬青 150,杜英 165,紫薇 171,四照花 178,刺楸 181,大叶女贞 190,桂花 195,银桂 196 **灌木**:红叶小檗 076,南天竹 079,金丝桃 089,红花檵木 094,溲疏 095,贴梗海棠 105,红叶石楠 110,石楠 111,月季 115,绣线菊 119,黄花决明 122,紫荆 123,无刺枸骨 152,金边黄杨 156,雀舌黄杨 158,大叶黄杨 159,黄杨 160,瑞香 169,毛鹃 182,金森女贞 191,小叶女贞 193,四季桂 197,金边大花六道木 209,六道木 210,金银花 212,珊瑚树 214 **竹类**:凤尾竹 233,孝顺竹 236,箬竹 239,淡竹 241,紫竹 243,雷竹 244,菲白竹 247 **藤本**:薜荔 056,木通 080,三叶木通 081,常春油麻藤 125,紫藤 130,扶芳藤 154,雀梅藤 163,爬山虎 164,中华常春藤 180,花叶络石 200,络石 201,花叶蔓 202,凌霄 208 **草本**:诸葛菜 090,红花酢浆草 131,金叶过路黄 184,马蹄金 205,金鸡菊 216,金边阔叶麦冬 218,阔叶麦冬 219,山麦冬 220,麦冬 221,萱草 222,大花萱草 223,玉簪 224,兰花三七 225,沿阶草 226,吉祥草 227,石蒜 228,葱兰 230,假俭草 234,羊茅 238,黑麦草 240,早熟禾 246,香根草 248,结缕草 249,马尼拉草 250,石菖蒲 254,旱伞草 255,美人蕉 257
路线交叉	**乔木**:银杏 002,日本冷杉 003,雪松 004,湿地松 006,水杉 012,池杉 013,柏木 019,桧柏 022,杨梅 030,薄壳山核桃 031,意杨 033,垂柳 034,桤木 035,甜槠 036,栲树 037,苦槠 039,钩栗 040,白栎 046,珊瑚朴 047,朴树 048,榔榆 049,榉树 051,杜仲 052,鹅掌楸 059,广玉兰 061,二乔玉兰 063,浙江樟 068,天目木姜子 069,华东楠 070,红楠 071,浙江楠 072,檫木 074,美人茶 086,木荷 087,厚皮香 088,二球悬铃木 091,枫香 093,碧桃 098,日本早樱 103,紫叶李 112,沙梨 114,合欢 120,皂荚 124,槐树 127,南酸枣 133,乌桕 134,香椿 135,臭椿 137,三角枫 141,青榨槭 142,鸡爪槭 143,红枫 144,黄山栾树 145,栾树 146,七叶树 148,冬青 149,红果冬青 150,丝棉木 157,枳椇 161,梧桐 168,紫薇 171,花石榴 172,八角枫 174,喜树 175,四照花 178,刺楸 181,油柿 186,大叶女贞 190,女贞 192,桂花 195,银桂 196 **灌木**:粗榧 028,日本小檗 075,红叶小檗 076,阔叶十大功劳 078,红花檵木 094,溲疏 095,贴梗海棠 105,棣棠 107,红叶石楠 110,石楠 111,月季 115,麻叶绣线菊 118,绣线菊 119,黄花决明 122,紫荆 123,无刺枸骨 152,金边黄杨 156,雀舌黄杨 158,大叶黄杨 159,黄杨 160,胡颓子 170,洒金珊瑚 177,毛鹃 182,金森女贞 191,小叶女贞 193,四季桂 197,夹竹桃 199,金边大花六道木 209,六道木 210,金银花 212,珊瑚树 214 **竹类**:凤尾竹 233,箬竹 239,淡竹 241,紫竹 243,雷竹 244,菲白竹 247 **藤本**:薜荔 056,木通 080,三叶木通 081,常春油麻藤 125,紫藤 130,扶芳藤 154,雀梅藤 163,爬山虎 164,中华常春藤 180,花叶络石 200,络石 201,花叶蔓 202,凌霄 208 **草本**:诸葛菜 090,红花酢浆草 131,金叶过路黄 184,马蹄金 205,连钱草 206,金鸡菊 216,金边阔叶麦冬 218,阔叶麦冬 219,麦冬 221,萱草 222,大花萱草 223,玉簪 224,兰花三七 225,沿阶草 226,吉祥草 227,葱兰 230,韭兰 231,假俭草 234,羊茅 238,黑麦草 240,早熟禾 246,香根草 248,结缕草 249,马尼拉草 250,石菖蒲 254,旱伞草 255

表 A.2　Ⅱ区浙西山地丘陵区植物选择表(续)

公路工程区域	植物名称及编号
沿线设施	**乔木**:银杏 002,日本冷杉 003,雪松 004,湿地松 006,金钱松 010,水杉 012,池杉 013,柏木 019,桧柏 022,北美圆柏 026,杨梅 030,薄壳山核桃 031,枫杨 032,意杨 033,垂柳 034,桤木 035,甜槠 036,栲树 037,苦槠 039,钩栗 040,青冈栎 041,石栎 043,麻栎 044,珊瑚朴 047,榔榆 049,榉树 051,杜仲 052,鹅掌楸 059,白玉兰 060,广玉兰 061,紫玉兰 062,二乔玉兰 063,浙江樟 068,华东楠 070,红楠 071,浙江楠 072,紫楠 073,檫木 074,美人茶 086,木荷 087,厚皮香 088,二球悬铃木 091,梅花 099,杏 100,日本早樱 103,枇杷 106,紫叶李 112,合欢 120,皂荚 124,刺槐 126,槐树 127,龙爪槐 128,南酸枣 133,香椿 135,苦楝 138,三角枫 141,青榨槭 142,鸡爪槭 143,红枫 144,黄山栾树 145,栾树 146,七叶树 148,冬青 149,红果冬青 150,大叶冬青 153,丝棉木 157,枳椇 161,杜英 165,梧桐 168,紫薇 171,花石榴 172,石榴 173,八角枫 174,喜树 175,四照花 178,刺楸 181,油柿 186,大叶女贞 190,女贞 192,桂花 195,银桂 196 **灌木**:铺地柏 025,粗榧 028,含笑 065,日本小檗 075,红叶小檗 076,阔叶十大功劳 078,南天竹 079,金丝桃 089,红花檵木 094,溲疏 095,八仙花 096,贴梗海棠 105,棣棠 107,红叶石楠 110,石楠 111,月季 115,丰花月季 116,麻叶绣线菊 118,绣线菊 119,黄花决明 122,紫荆 123,无刺枸骨 152,金边黄杨 156,雀舌黄杨 158,大叶黄杨 159,黄杨 160,木槿 167,瑞香 169,洒金珊瑚 177,毛鹃 182,金森女贞 191,小叶女贞 193,小蜡 194,四季桂 197,醉鱼草 198,夹竹桃 199,栀子花 203,金边大花六道木 209,六道木 210,金银花 212,金银木 213,珊瑚树 214 **竹类**:凤尾竹 233,孝顺竹 236,箬竹 239,淡竹 241,紫竹 243,雷竹 244,菲白竹 247 **藤本**:薜荔 056,木通 080,三叶木通 081,常春油麻藤 125,紫藤 130,扶芳藤 154,雀梅藤 163,爬山虎 164,中华常春藤 180,花叶络石 200,络石 201,花叶蔓 202,凌霄 208 **草本**:常夏石竹 058,诸葛菜 090,红花酢浆草 131,金叶过路黄 184,马蹄金 205,连钱草 206,一串红 207,金鸡菊 216,大吴风草 217,金边阔叶麦冬 218,阔叶麦冬 219,山麦冬 220,麦冬 221,萱草 222,大花萱草 223,玉簪 224,兰花三七 225,沿阶草 226,吉祥草 227,石蒜 228,葱兰 230,韭兰 231,蝴蝶花 232,假俭草 234,羊茅 238,黑麦草 240,早熟禾 246,香根草 248,结缕草 249,马尼拉草 250,石菖蒲 254,旱伞草 255,花叶美人蕉 256,美人蕉 257
取土场、弃土场	**乔木**:湿地松 006,柳杉 011,北美圆柏 026,意杨 033,沙梨 114,合欢 120,皂荚 124,槐树 127,苦楝 138,黄连木 140,黄山栾树 145,女贞 192 **灌木**:日本小檗 075,阔叶十大功劳 078,黄花决明 122,夹竹桃 199 **竹类**:箬竹 239,菲白竹 247 **草本**:红花酢浆草 131,萱草 222,假俭草 234,狗牙根 237,羊茅 238,黑麦草 240,早熟禾 246,结缕草 249,马尼拉草 250

表 A.3　Ⅲ区浙中丘陵盆地区植物选择表

公路工程区域	植物名称及编号
路侧	**乔木**:银杏 002,湿地松 006,马尾松 007,柳杉 011,水杉 012,桧柏 022,意杨 033,青冈栎 041,麻栎 044,白栎 046,榔榆 049,广玉兰 061,紫玉兰 062,天目木姜子 069,红楠 071,木荷 087,厚皮香 088,二球悬铃木 091,碧桃 098,紫叶李 112,合欢 120,皂荚 124,槐树 127,龙爪槐 128,重阳木 132,乌桕 134,枳 136,苦楝 138,青榨槭 142,鸡爪槭 143,红枫 144,黄山栾树 145,栾树 146,无患子 147,冬青 149,大叶冬青 153,梧桐 168,紫薇 171,喜树 175,刺楸 181,油柿 186,大叶女贞 190,女贞 192,桂花 195

表 A.3 Ⅲ区浙中丘陵盆地区植物选择表(续)

公路工程区域	植物名称及编号
路侧	**灌木**:铺地柏 025,阔叶十大功劳 078,南天竹 079,红花油茶 082,油茶 084,茶梅 085,红花檵木 094,溲疏 095,红叶石楠 110,石楠 111,月季 115,金樱子 117,绣线菊 119,紫穗槐 121,黄花决明 122,紫荆 123,枸骨 151,雀舌黄杨 158,大叶黄杨 159,黄杨 160,马甲子 162,瑞香 169,胡颓子 170,杜鹃 183,迎春 188,金叶女贞 189,醉鱼草 198,夹竹桃 199,六道木 210,金银花 212,珊瑚树 214 **藤本**:薜荔 056,木通 080,三叶木通 081,常春油麻藤 125,紫藤 130,扶芳藤 154,雀梅藤 163,爬山虎 164,中华常春藤 180,络石 201,花叶蔓 202,凌霄 208 **草本**:诸葛菜 090,马蹄金 205,连钱草 206,金鸡菊 216,山麦冬 220,萱草 222,沿阶草 226,吉祥草 227,石蒜 228,葱兰 230,韭兰 231,蝴蝶花 232,假俭草 234,小糠草 235,狗牙根 237,黑麦草 240,早熟禾 246,香根草 248,石菖蒲 254
分隔带	**乔木**:桧柏 022,厚皮香 088,紫叶李 112,鸡爪槭 143,红枫 144,冬青 149,紫薇 171,桂花 195 **灌木**:红花油茶 082,红花檵木 094,红叶石楠 110,石楠 111,月季 115,金边黄杨 156,雀舌黄杨 158,大叶黄杨 159,黄杨 160,木槿 167,瑞香 169,金叶女贞 189,金森女贞 191,珊瑚树 214 **竹类**:孝顺竹 236 **草本**:马蹄金 205,山麦冬 220,沿阶草 226,葱兰 230,韭兰 231,假俭草 234,香根草 248,石菖蒲 254
桥梁	**乔木**:湿地松 006,马尾松 007,水杉 012,日本扁柏 016,云片柏 017,柏木 019,桧柏 022,蜀桧 024,杨梅 030,杜仲 052,广玉兰 061,二乔玉兰 063,天目木姜子 069,华东楠 070,红楠 071,檫木 074,美人茶 086,木荷 087,厚皮香 088,枫香 093,碧桃 098,日本早樱 103,紫叶李 112,沙梨 114,合欢 120,皂荚 124,槐树 127,重阳木 132,南酸枣 133,乌桕 134,香椿 135,臭椿 137,川楝 139,三角枫 141,青榨槭 142,鸡爪槭 143,红枫 144,黄山栾树 145,栾树 146,冬青 149,红果冬青 150,丝棉木 157,紫薇 171,花石榴 172,八角枫 174,喜树 175,四照花 178,刺楸 181,油柿 186,大叶女贞 190,女贞 192,桂花 195 **灌木**:粗榧 028,红叶小檗 076,阔叶十大功劳 078,红花油茶 082,红花檵木 094,贴梗海棠 105,棣棠 107,红叶石楠 110,石楠 111,月季 115,麻叶绣线菊 118,黄花决明 122,紫荆 123,无刺枸骨 152,金边黄杨 156,雀舌黄杨 158,大叶黄杨 159,黄杨 160,木槿 167,瑞香 169,胡颓子 170,桃叶珊瑚 176,洒金珊瑚 177,毛鹃 182,云南黄素馨 187,迎春 188,金叶女贞 189,金森女贞 191,夹竹桃 199,金边大花六道木 209,珊瑚树 214 **竹类**:凤尾竹 233,孝顺竹 236,淡竹 241,毛竹 242,紫竹 243,刚竹 245 **藤本**:薜荔 056,木通 080,三叶木通 081,常春油麻藤 125,紫藤 130,扶芳藤 154,雀梅藤 163,爬山虎 164,中华常春藤 180,花叶络石 200,络石 201,花叶蔓 202,凌霄 208 **草本**:诸葛菜 090,金叶过路黄 184,马蹄金 205,连钱草 206,金鸡菊 216,金边阔叶麦冬 218,阔叶麦冬 219,山麦冬 220,麦冬 221,萱草 222,大花萱草 223,玉簪 224,兰花三七 225,沿阶草 226,吉祥草 227,葱兰 230,韭兰 231,假俭草 234,小糠草 235,黑麦草 240,早熟禾 246,香根草 248
隧道洞口	**乔木**:湿地松 006,日本五针松 008,桧柏 022,杨梅 030,意杨 033,榜树 037,青冈栎 041,麻栎 044,榔榆 049,广玉兰 061,二乔玉兰 063,檫木 074,美人茶 086,木荷 087,厚皮香 088,枫香 093,碧桃 098,日本晚樱 101,日本早樱 103,紫叶李 112,合欢 120,槐树 127,黄连木 140,三角枫 141,青榨槭 142,鸡爪槭 143,红枫 144,黄山栾树 145,栾树 146,无患子 147,冬青 149,红果冬青 150,紫薇 171,花石榴 172,四照花 178,大叶女贞 190,桂花 195,银桂 196

表 A.3　Ⅲ区浙中丘陵盆地区植物选择表(续)

公路工程区域	植物名称及编号
隧道洞口	**灌木:**苏铁 001,红叶小檗 076,南天竹 079,金丝桃 089,红花檵木 094,溲疏 095,贴梗海棠 105,红叶石楠 110,石楠 111,月季 115,绣线菊 119,黄花决明 122,紫荆 123,无刺构骨 152,金边黄杨 156,雀舌黄杨 158,大叶黄杨 159,黄杨 160,瑞香 169,毛鹃 182,迎春 188,金叶女贞 189,金森女贞 191,四季桂 197,金边大花六道木 209,六道木 210,金银花 212,珊瑚树 214 **竹类:**凤尾竹 233,孝顺竹 236,淡竹 241,毛竹 242,紫竹 243,雷竹 244,刚竹 245 **藤本:**薜荔 056,木通 080,三叶木通 081,常春油麻藤 125,紫藤 130,扶芳藤 154,雀梅藤 163,爬山虎 164,中华常春藤 180,花叶络石 200,络石 201,花叶蔓 202,凌霄 208 **草本:**诸葛菜 090,金叶过路黄 184,马蹄金 205,金鸡菊 216,金边阔叶麦冬 218,阔叶麦冬 219,山麦冬 220,麦冬 221,萱草 222,大花萱草 223,玉簪 224,兰花三七 225,沿阶草 226,吉祥草 227,石蒜 228,葱兰 230,假俭草 234,黑麦草 240,早熟禾 246,香根草 248,石菖蒲 254,旱伞草 255,美人蕉 257
路线交叉	**乔木:**银杏 002,湿地松 006,马尾松 007,水杉 012,日本扁柏 016,云片柏 017,柏木 019,桧柏 022,杨梅 030,薄壳山核桃 031,意杨 033,桤木 035,栲树 037,青冈栎 041,白栎 046,朴树 048,榔榆 049,杜仲 052,广玉兰 061,二乔玉兰 063,天目木姜子 069,华东楠 070,红楠 071,檫木 074,美人茶 086,木荷 087,厚皮香 088,二球悬铃木 091,枫香 093,碧桃 098,日本早樱 103,紫叶李 112,沙梨 114,合欢 120,皂荚 124,槐树 127,重阳木 132,南酸枣 133,乌柏 134,香椿 135,臭椿 137,川楝 139,三角枫 141,青榨槭 142,鸡爪槭 143,红枫 144,黄山栾树 145,栾树 146,冬青 149,红果冬青 150,丝棉木 157,梧桐 168,紫薇 171,花石榴 172,八角枫 174,喜树 175,四照花 178,刺楸 181,油柿 186,大叶女贞 190,女贞 192,桂花 195,银桂 196 **灌木:**苏铁 001,粗榧 028,红叶小檗 076,阔叶十大功劳 078,红花檵木 094,溲疏 095,贴梗海棠 105,棣棠 107,红叶石楠 110,石楠 111,月季 115,麻叶绣线菊 118,绣线菊 119,黄花决明 122,紫荆 123,无刺构骨 152,金边黄杨 156,雀舌黄杨 158,大叶黄杨 159,黄杨 160,胡颓子 170,桃叶珊瑚 176,洒金珊瑚 177,毛鹃 182,金叶女贞 189,金森女贞 191,四季桂 197,夹竹桃 199,金边大花六道木 209,六道木 210,金银花 212,珊瑚树 214 **竹类:**凤尾竹 233,淡竹 241,毛竹 242,紫竹 243,雷竹 244,刚竹 245 **藤本:**薜荔 056,木通 080,三叶木通 081,常春油麻藤 125,紫藤 130,扶芳藤 154,雀梅藤 163,爬山虎 164,中华常春藤 180,花叶络石 200,络石 201,花叶蔓 202,凌霄 208 **草本:**诸葛菜 090,金叶过路黄 184,马蹄金 205,连钱草 206,金鸡菊 216,金边阔叶麦冬 218,阔叶麦冬 219,麦冬 221,萱草 222,大花萱草 223,玉簪 224,兰花三七 225,沿阶草 226,吉祥草 227,葱兰 230,韭兰 231,假俭草 234,小糠草 235,黑麦草 240,早熟禾 246,香根草 248,石菖蒲 254,旱伞草 255
沿线设施	**乔木:**银杏 002,湿地松 006,马尾松 007,日本五针松 008,金钱松 010,水杉 012,日本扁柏 016,云片柏 017,柏木 019,桧柏 022,杨梅 030,薄壳山核桃 031,枫杨 032,意杨 033,桤木 035,栲树 037,青冈栎 041,石栎 043,麻栎 044,榔榆 049,杜仲 052,白玉兰 060,广玉兰 061,紫玉兰 062,二乔玉兰 063,华东楠 070,红楠 071,紫楠 073,檫木 074,美人茶 086,木荷 087,厚皮香 088,二球悬铃木 091,梅花 099,杏 100,日本晚樱 101,日本早樱 103,木瓜 104,枇杷 106,紫叶李 112,合欢 120,皂荚 124,刺槐 126,槐树 127,龙爪槐 128,重阳木 132,南酸枣 133,香椿 135,苦楝 138,川楝 139,三角枫 141,青榨槭 142,鸡爪槭 143,红枫 144,黄山栾树 145,栾树 146,冬青 149,红果冬青 150,大叶冬青 153,丝棉木 157,梧桐 168,紫薇 171,花石榴 172,石榴 173,八角枫 174,喜树 175,四照花 178,刺楸 181,油柿 186,大叶女贞 190,女贞 192,桂花 195,银桂 196

表 A.3 Ⅲ区浙中丘陵盆地区植物选择表(续)

公路工程区域	植物名称及编号
沿线设施	**灌木**:苏铁 001,铺地柏 025,粗榧 028,含笑 065,红叶小檗 076,阔叶十大功劳 078,南天竹 079,红花油茶 082,金丝桃 089,红花檵木 094,溲疏 095,八仙花 096,贴梗海棠 105,棣棠 107,红叶石楠 110,石楠 111,月季 115,丰花月季 116,麻叶绣线菊 118,绣线菊 119,黄花决明 122,紫荆 123,无刺枸骨 152,金边黄杨 156,雀舌黄杨 158,大叶黄杨 159,黄杨 160,木槿 167,桃叶珊瑚 176,洒金珊瑚 177,毛鹃 182,迎春 188,金叶女贞 189,金森女贞 191,小蜡 194,四季桂 197,醉鱼草 198,夹竹桃 199,栀子花 203,金边大花六道木 209,六道木 210,金银花 212,珊瑚树 214 **竹类**:凤尾竹 233,孝顺竹 236,淡竹 241,毛竹 242,紫竹 243,雷竹 244,刚竹 245 **藤本**:薜荔 056,木通 080,三叶木通 081,常春油麻藤 125,紫藤 130,扶芳藤 154,雀梅藤 163,爬山虎 164,中华常春藤 180,花叶络石 200,络石 201,花叶蔓 202,凌霄 208 **草本**:常夏石竹 058,诸葛菜 090,金叶过路黄 184,马蹄金 205,连钱草 206,一串红 207,金鸡菊 216,金边阔叶麦冬 218,阔叶麦冬 219,山麦冬 220,麦冬 221,萱草 222,大花萱草 223,玉簪 224,兰花三七 225,沿阶草 226,吉祥草 227,石蒜 228,葱兰 230,韭兰 231,蝴蝶花 232,假俭草 234,小糠草 235,黑麦草 240,早熟禾 246,香根草 248,石菖蒲 254,旱伞草 255,花叶美人蕉 256,美人蕉 257
取土场、弃土场	**乔木**:湿地松 006,柳杉 011,意杨 033,沙梨 114,合欢 120,皂荚 124,槐树 127,苦楝 138,黄连木 140,黄山栾树 145,女贞 192 **灌木**:阔叶十大功劳 078,黄花决明 122,夹竹桃 199 **竹类**:毛竹 242 **草本**:萱草 222,假俭草 234,小糠草 235,狗牙根 237,黑麦草 240,早熟禾 246

表 A.4 Ⅳ区浙南山地区植物选择表

公路工程区域	植物名称及编号
路侧	**乔木**:马尾松 007,柳杉 011,水杉 012,桧柏 022,意杨 033,南岭栲 038,白栎 046,榔榆 049,榉树 051,广玉兰 061,紫玉兰 062,深山含笑 066,香樟 067,浙江樟 068,红楠 071,浙江楠 072,厚皮香 088,二球悬铃木 091,碧桃 098,紫叶李 112,合欢 120,皂荚 124,槐树 127,龙爪槐 128,重阳木 132,乌桕 134,枳 136,苦楝 138,青榨槭 142,鸡爪槭 143,红枫 144,黄山栾树 145,栾树 146,无患子 147,七叶树 148,冬青 149,大叶冬青 153,枳椇 161,杜英 165,木芙蓉 166,梧桐 168,紫薇 171,喜树 175,罗浮柿 185,油柿 186,大叶女贞 190,女贞 192,桂花 195 **灌木**:铺地柏 025,异叶榕 055,狭叶十大功劳 077,阔叶十大功劳 078,南天竹 079,红花油茶 082,油茶 084,茶梅 085,红花檵木 094,溲疏 095,海桐 097,红叶石楠 110,石楠 111,月季 115,金樱子 117,绣线菊 119,紫穗槐 121,黄花决明 122,紫荆 123,枸骨 151,雀舌黄杨 158,大叶黄杨 159,黄杨 160,马甲子 162,瑞香 169,胡颓子 170,杜鹃 183,云南黄素馨 187,醉鱼草 198,夹竹桃 199,六道木 210,糯米条 211,金银花 212 **藤本**:薜荔 056,木通 080,三叶木通 081,常春油麻藤 125,紫藤 130,扶芳藤 154,雀梅藤 163,爬山虎 164,中华常春藤 180,络石 201,花叶蔓 202,凌霄 208 **草本**:诸葛菜 090,红花酢浆草 131,马蹄金 205,连钱草 206,金鸡菊 216,山麦冬 220,萱草 222,沿阶草 226,吉祥草 227,石蒜 228,葱兰 230,韭兰 231,蝴蝶花 232,假俭草 234,狗牙根 237,黑麦草 240,早熟禾 246,香根草 248,石菖蒲 254

表 A.4 Ⅳ区浙南山地区植物选择表(续)

公路工程区域	植物名称及编号
分隔带	**乔木:**桧柏 022,浙江楠 072,厚皮香 088,紫叶李 112,鸡爪槭 143,红枫 144,冬青 149,紫薇 171,桂花 195 **灌木:**红花油茶 082,红花檵木 094,海桐 097,红叶石楠 110,石楠 111,月季 115,金边黄杨 156,雀舌黄杨 158,大叶黄杨 159,黄杨 160,木槿 167,瑞香 169,金森女贞 191 **竹类:**孝顺竹 236 **草本:**马蹄金 205,山麦冬 220,沿阶草 226,葱兰 230,韭兰 231,假俭草 234
桥梁	**乔木:**马尾松 007,水杉 012,日本扁柏 016,日本花柏 018,柏木 019,桧柏 022,蜀桧 024,罗汉松 027,杨梅 030,垂柳 034,榉树 051,鹅掌楸 059,广玉兰 061,二乔玉兰 063,深山含笑 066,香樟 067,浙江樟 068,华东楠 070,红楠 071,浙江楠 072,檫木 074,美人茶 086,木荷 087,厚皮香 088,枫香 093,碧桃 098,日本早樱 103,紫叶李 112,沙梨 114,合欢 120,皂荚 124,槐树 127,重阳木 132,南酸枣 133,乌桕 134,香椿 135,臭椿 137,川楝 139,三角枫 141,青榨槭 142,鸡爪槭 143,红枫 144,黄山栾树 145,栾树 146,七叶树 148,冬青 149,红果冬青 150,丝棉木 157,紫薇 171,花石榴 172,八角枫 174,喜树 175,四照花 178,罗浮柿 185,油柿 186,大叶女贞 190,女贞 192,桂花 195 **灌木:**粗榧 028,异叶榕 055,勒杜鹃 057,红叶小檗 076,狭叶十大功劳 077,阔叶十大功劳 078,红花油茶 082,红花檵木 094,溲疏 095,海桐 097,贴梗海棠 105,棣棠 107,红叶石楠 110,石楠 111,月季 115,麻叶绣线菊 118,绣线菊 119,黄花决明 122,紫荆 123,无刺枸骨 152,金边黄杨 156,雀舌黄杨 158,大叶黄杨 159,黄杨 160,木槿 167,瑞香 169,胡颓子 170,桃叶珊瑚 176,洒金珊瑚 177,毛鹃 182,云南黄素馨 187,迎春 188,金森女贞 191,夹竹桃 199,大叶栀子 204,金边大花六道木 209,六道木 210,糯米条 211 **竹类:**凤尾竹 233,孝顺竹 236,淡竹 241,紫竹 243,刚竹 245 **藤本:**薜荔 056,木通 080,三叶木通 081,常春油麻藤 125,紫藤 130,扶芳藤 154,小叶扶芳藤 155,雀梅藤 163,爬山虎 164,中华常春藤 180,花叶络石 200,络石 201,花叶蔓 202,凌霄 208 **草本:**诸葛菜 090,红花酢浆草 131,金叶过路黄 184,马蹄金 205,连钱草 206,金鸡菊 216,金边阔叶麦冬 218,阔叶麦冬 219,麦冬 221,萱草 222,大花萱草 223,玉簪 224,兰花三七 225,沿阶草 226,吉祥草 227,葱兰 230,韭兰 231,假俭草 234,黑麦草 240,早熟禾 246,香根草 248
隧道洞口	**乔木:**桧柏 022,北美圆柏 026,杨梅 030,意杨 033,栲树 037,南岭栲 038,榔榆 049,榉树 051,鹅掌楸 059,广玉兰 061,二乔玉兰 063,深山含笑 066,浙江楠 072,檫木 074,美人茶 086,木荷 087,厚皮香 088,枫香 093,碧桃 098,日本早樱 103,紫叶李 112,合欢 120,槐树 127,黄连木 140,三角枫 141,青榨槭 142,鸡爪槭 143,红枫 144,黄山栾树 145,栾树 146,无患子 147,七叶树 148,冬青 149,红果冬青 150,杜英 165,紫薇 171,花石榴 172,四照花 178,罗浮柿 185,大叶女贞 190,桂花 195,银桂 196 **灌木:**苏铁 001,无花果 053,异叶榕 055,勒杜鹃 057,红叶小檗 076,南天竹 079,金丝桃 089,红花檵木 094,溲疏 095,海桐 097,贴梗海棠 105,红叶石楠 110,石楠 111,月季 115,绣线菊 119,黄花决明 122,紫荆 123,无刺枸骨 152,金边黄杨 156,雀舌黄杨 158,大叶黄杨 159,黄杨 160,瑞香 169,毛鹃 182,云南黄素馨 187,金森女贞 191,四季桂 197,大叶栀子 204,金边大花六道木 209,六道木 210,金银花 212 **竹类:**凤尾竹 233,孝顺竹 236,淡竹 241,紫竹 243,雷竹 244,刚竹 245 **藤本:**薜荔 056,木通 080,三叶木通 081,常春油麻藤 125,紫藤 130,扶芳藤 154,小叶扶芳藤 155,雀梅藤 163,爬山虎 164,中华常春藤 180,花叶络石 200,络石 201,花叶蔓 202,凌霄 208

表 A.4 Ⅳ区浙南山地区植物选择表(续)

公路工程区域	植物名称及编号
隧道洞口	**草本**:诸葛菜 090,红花酢浆草 131,金叶过路黄 184,马蹄金 205,金鸡菊 216,金边阔叶麦冬 218,阔叶麦冬 219,山麦冬 220,麦冬 221,萱草 222,大花萱草 223,玉簪 224,兰花三七 225,沿阶草 226,吉祥草 227,石蒜 228,葱兰 230,假俭草 234,黑麦草 240,早熟禾 246,香根草 248,石菖蒲 254,旱伞草 255,美人蕉 257
路线交叉	**乔木**:马尾松 007,水杉 012,日本扁柏 016,日本花柏 018,柏木 019,桧柏 022,罗汉松 027,杨梅 030,意杨 033,垂柳 034,榿木 035,枵树 037,南岭栲 038,钩栗 040,白栎 046,朴树 048,榔榆 049,榉树 051,鹅掌楸 059,广玉兰 061,二乔玉兰 063,深山含笑 066,香樟 067,浙江樟 068,华东楠 070,红楠 071,浙江楠 072,檫木 074,美人茶 086,木荷 087,厚皮香 088,二球悬铃木 091,枫香 093,碧桃 098,日本早樱 103,紫叶李 112,沙梨 114,合欢 120,皂荚 124,槐树 127,重阳木 132,南酸枣 133,乌桕 134,香椿 135,臭椿 137,川楝 139,三角枫 141,青榨槭 142,鸡爪槭 143,红枫 144,黄山栾树 145,栾树 146,七叶树 148,冬青 149,红果冬青 150,丝棉木 157,枳椇 161,梧桐 168,紫薇 171,八角枫 174,喜树 175,四照花 178,罗浮柿 185,油柿 186,大叶女贞 190,女贞 192,桂花 195,银桂 196 **灌木**:苏铁 001,粗榧 028,异叶榕 055,勒杜鹃 057,红叶小檗 076,狭叶十大功劳 077,阔叶十大功劳 078,红花檵木 094,溲疏 095,海桐 097,贴梗海棠 105,棣棠 107,红叶石楠 110,石楠 111,月季 115,麻叶绣线菊 118,绣线菊 119,黄花决明 122,紫荆 123,无刺构骨 152,金边黄杨 156,雀舌黄杨 158,大叶黄杨 159,黄杨 160,瑞香 169,胡颓子 170,桃叶珊瑚 176,洒金珊瑚 177,毛鹃 182,金森女贞 191,四季桂 197,夹竹桃 199,大叶栀子 204,金边大花六道木 209,六道木 210,糯米条 211,金银花 212 **竹类**:凤尾竹 233,淡竹 241,紫竹 243,雷竹 244,刚竹 245 **藤本**:薜荔 056,木通 080,三叶木通 081,常春油麻藤 125,紫藤 130,扶芳藤 154,小叶扶芳藤 155,雀梅藤 163,爬山虎 164,中华常春藤 180,花叶络石 200,络石 201,花叶蔓 202,凌霄 208 **草本**:诸葛菜 090,红花酢浆草 131,金叶过路黄 184,马蹄金 205,连钱草 206,金鸡菊 216,金边阔叶麦冬 218,阔叶麦冬 219,麦冬 221,萱草 222,大花萱草 223,玉簪 224,兰花三七 225,沿阶草 226,吉祥草 227,葱兰 230,韭兰 231,假俭草 234,黑麦草 240,早熟禾 246,香根草 248,石菖蒲 254,旱伞草 255
沿线设施	**乔木**:马尾松 007,水杉 012,日本扁柏 016,日本花柏 018,柏木 019,桧柏 022,北美圆柏 026,罗汉松 027,红豆杉 029,杨梅 030,枫杨 032,意杨 033,垂柳 034,榿木 035,枵树 037,南岭栲 038,钩栗 040,青冈栎 041,石栎 043,榔榆 049,榉树 051,鹅掌楸 059,广玉兰 061,紫玉兰 062,二乔玉兰 063,木莲 064,深山含笑 066,香樟 067,浙江樟 068,华东楠 070,红楠 071,浙江楠 072,紫楠 073,檫木 074,美人茶 086,木荷 087,厚皮香 088,二球悬铃木 091,梅花 099,杏 100,日本早樱 103,木瓜 104,枇杷 106,紫叶李 112,合欢 120,皂荚 124,刺槐 126,槐树 127,龙爪槐 128,重阳木 132,南酸枣 133,香椿 135,苦楝 138,川楝 139,三角枫 141,青榨槭 142,鸡爪槭 143,红枫 144,黄山栾树 145,栾树 146,七叶树 148,冬青 149,红果冬青 150,大叶冬青 153,丝棉木 157,枳椇 161,杜英 165,梧桐 168,紫薇 171,花石榴 172,石榴 173,八角枫 174,喜树 175,四照花 178,罗浮柿 185,油柿 186,大叶女贞 190,女贞 192,桂花 195,银桂 196 **灌木**:苏铁 001,铺地柏 025,粗榧 028,异叶榕 055,勒杜鹃 057,含笑 065,红叶小檗 076,狭叶十大功劳 077,阔叶十大功劳 078,南天竹 079,红花油茶 082,金丝桃 089,红花檵木 094,溲疏 095,八仙花 096,海桐 097,贴梗海棠 105,棣棠 107,红叶石楠 110,石楠 111,月季 115,丰花月季 116,麻叶绣线菊 118,绣线菊 119,黄花决明 122,紫荆 123,无刺构骨 152,金边黄杨 156,雀舌黄杨 158,大叶黄杨 159,黄杨 160,木槿 167,瑞香 169,桃叶珊瑚 176,洒金珊瑚 177,毛鹃 182,云南黄素馨 187,金森女贞 191,小蜡 194,四季桂 197,醉鱼草 198,夹竹桃 199,栀子花 203,大叶栀子 204,金边大花六道木 209,六道木 210,糯米条 211,金银花 212,金银木 213

表 A.4　Ⅳ区浙南山地区植物选择表(续)

公路工程区域	植物名称及编号
沿线设施	**竹类:**凤尾竹 233,孝顺竹 236,淡竹 241,紫竹 243,雷竹 244,刚竹 245 **藤本:**薜荔 056,木通 080,三叶木通 081,油麻藤 113,紫藤 130,扶芳藤 154,小叶扶芳藤 155,雀梅藤 163,爬山虎 164,中华常春藤 180,花叶络石 200,络石 201,花叶蔓 202,凌霄 208 **草本:**常夏石竹 058,诸葛菜 090,红花酢浆草 131,金叶过路黄 184,马蹄金 205,连钱草 206,一串红 207,金鸡菊 216,吉祥草 227,金边阔叶麦冬 218,阔叶麦冬 219,山麦冬 220,麦冬 221,萱草 222,大花萱草 223,玉簪 224,兰花三七 225,沿阶草 226,石蒜 228,葱兰 230,韭兰 231,蝴蝶花 232,假俭草 234,黑麦草 240,早熟禾 246,香根草 248,石菖蒲 254,旱伞草 255,花叶美人蕉 256,美人蕉 257
取土场、弃土场	**乔木:**柳杉 011,北美圆柏 026,意杨 033,沙梨 114,合欢 120,皂荚 124,槐树 127,苦楝 138,黄连木 140,黄山栾树 145,女贞 192 **灌木:**狭叶十大功劳 077,阔叶十大功劳 078,黄花决明 122,夹竹桃 199 **草本:**红花酢浆草 131,萱草 222,假俭草 234,狗牙根 237,黑麦草 240,早熟禾 246

表 A.5　Ⅴ区浙东沿海丘陵海岛区植物选择表

公路工程区域	植物名称及编号
路侧	**乔木:**日本冷杉 003,湿地松 006,马尾松 007,黑松 009,水杉 012,墨西哥落羽杉 015,桧柏 022,意杨 033,麻栎 044,白栎 046,榔榆 049,小叶榕 054,广玉兰 061,紫玉兰 062,深山含笑 066,浙江樟 068,红楠 071,浙江楠 072,厚皮香 088,二球悬铃木 091,碧桃 098,紫叶李 112,合欢 120,皂荚 124,槐树 127,龙爪槐 128,重阳木 132,乌桕 134,枳 136,苦楝 138,青榨槭 142,鸡爪槭 143,红枫 144,黄山栾树 145,栾树 146,无患子 147,七叶树 148,冬青 149,大叶冬青 153,杜英 165,梧桐 168,紫薇 171,花石榴 172,喜树 175,刺楸 181,大叶女贞 190,女贞 192,桂花 195,棕榈 253 **灌木:**铺地柏 025,狭叶十大功劳 077,阔叶十大功劳 078,南天竹 079,红花油茶 082,山茶 083,油茶 084,茶梅 085,红花檵木 094,溲疏 095,海桐 097,红叶石楠 110,石楠 111,月季 115,金樱子 117,绣线菊 119,紫穗槐 121,黄花决明 122,紫荆 123,枸骨 151,雀舌黄杨 158,大叶黄杨 159,黄杨 160,马甲子 162,瑞香 169,胡颓子 170,杜鹃 183,迎春 188,金叶女贞 189,醉鱼草 198,夹竹桃 199,六道木 210,糯米条 211,金银花 212,珊瑚树 214 **藤本:**薜荔 056,木通 080,常春油麻藤 125,紫藤 130,扶芳藤 154,雀梅藤 163,爬山虎 164,中华常春藤 180,络石 201,花叶蔓 202,凌霄 208 **草本:**诸葛菜 090,红花酢浆草 131,马蹄金 205,连钱草 206,金鸡菊 216,山麦冬 220,萱草 222,沿阶草 226,吉祥草 227,石蒜 228,换锦花 229,葱兰 230,韭兰 231,蝴蝶花 232,假俭草 234,狗牙根 237,黑麦草 240,早熟禾 246,香根草 248,中华结缕草 251,石菖蒲 254
分隔带	**乔木:**桧柏 022,浙江楠 072,厚皮香 088,紫叶李 112,鸡爪槭 143,红枫 144,冬青 149,紫薇 171,桂花 195 **灌木:**红花油茶 082,山茶 083,红花檵木 094,海桐 097,红叶石楠 110,石楠 111,月季 115,金边黄杨 156,雀舌黄杨 158,大叶黄杨 159,黄杨 160,木槿 167,瑞香 169,金叶女贞 189,金森女贞 191,珊瑚树 214 **竹类:**孝顺竹 236 **草本:**马蹄金 205,山麦冬 220,沿阶草 226,葱兰 230,韭兰 231,假俭草 234,中华结缕草 251

表 A.5　Ⅴ区浙东沿海丘陵海岛区植物选择表(续)

公路工程区域	植物名称及编号
桥梁	**乔木:**日本冷杉 003,湿地松 006,马尾松 007,黑松 009,水杉 012,落羽杉 014,日本扁柏 016,云片柏 017,桧柏 022,蜀桧 024,罗汉松 027,杨梅 030,小叶榕 054,广玉兰 061,二乔玉兰 063,深山含笑 066,浙江樟 068,华东楠 070,红楠 071,浙江楠 072,檫木 074,美人茶 086,木荷 087,厚皮香 088,枫香 093,碧桃 098,日本早樱 103,紫叶李 112,沙梨 114,合欢 120,皂荚 124,槐树 127,重阳木 132,乌桕 134,香椿 135,臭椿 137,川楝 139,三角枫 141,青榨槭 142,鸡爪槭 143,红枫 144,黄山栾树 145,栾树 146,七叶树 148,冬青 149,红果冬青 150,丝棉木 157,紫薇 171,花石榴 172,八角枫 174,喜树 175,刺楸 181,大叶女贞 190,女贞 192,桂花 195,棕榈 253 **灌木:**粗榧 028,勒杜鹃 057,红叶小檗 076,狭叶十大功劳 077,阔叶十大功劳 078,山茶 083,红花檵木 094,溲疏 095,海桐 097,贴梗海棠 105,红叶石楠 110,石楠 111,月季 115,麻叶绣线菊 118,绣线菊 119,黄花决明 122,紫荆 123,无刺枸骨 152,金边黄杨 156,雀舌黄杨 158,大叶黄杨 159,黄杨 160,木槿 167,瑞香 169,胡颓子 170,洒金珊瑚 177,毛鹃 182,云南黄素馨 187,迎春 188,金叶女贞 189,金森女贞 191,夹竹桃 199,大叶栀子 204,金边大花六道木 209,六道木 210,糯米条 211,珊瑚树 214 **竹类:**凤尾竹 233,孝顺竹 236,淡竹 241,紫竹 243,刚竹 245 **藤本:**薜荔 056,木通 080,常春油麻藤 125,紫藤 130,扶芳藤 154,小叶扶芳藤 155,雀梅藤 163,爬山虎 164,中华常春藤 180,花叶络石 200,络石 201,花叶蔓 202,凌霄 208 **草本:**诸葛菜 090,红花酢浆草 131,金叶过路黄 184,马蹄金 205,连钱草 206,金鸡菊 216,金边阔叶麦冬 218,阔叶麦冬 219,山麦冬 220,麦冬 221,萱草 222,大花萱草 223,玉簪 224,兰花三七 225,沿阶草 226,吉祥草 227,换锦花 229,葱兰 230,韭兰 231,假俭草 234,黑麦草 240,早熟禾 246,香根草 248,中华结缕草 251
隧道洞口	**乔木:**日本冷杉 003,湿地松 006,日本五针松 008,黑松 009,落羽杉 014,桧柏 022,杨梅 030,意杨 033,甜槠 036,红椆 042,麻栎 044,榔榆 049,小叶榕 054,广玉兰 061,二乔玉兰 063,深山含笑 066,浙江楠 072,檫木 074,美人茶 086,木荷 087,厚皮香 088,枫香 093,碧桃 098,日本晚樱 101,日本早樱 103,紫叶李 112,合欢 120,槐树 127,黄连木 140,三角枫 141,青榨槭 142,鸡爪槭 143,红枫 144,黄山栾树 145,栾树 146,无患子 147,七叶树 148,冬青 149,红果冬青 150,杜英 165,紫薇 171,花石榴 172,大叶女贞 190,桂花 195,银桂 196,棕榈 253 **灌木:**苏铁 001,无花果 053,勒杜鹃 057,红叶小檗 076,南天竹 079,金丝桃 089,红花檵木 094,溲疏 095,海桐 097,贴梗海棠 105,红叶石楠 110,石楠 111,月季 115,绣线菊 119,黄花决明 122,紫荆 123,无刺枸骨 152,金边黄杨 156,雀舌黄杨 158,大叶黄杨 159,黄杨 160,瑞香 169,毛鹃 182,迎春 188,金叶女贞 189,金森女贞 191,四季桂 197,大叶栀子 204,金边大花六道木 209,六道木 210,金银花 212,珊瑚树 214 **竹类:**凤尾竹 233,孝顺竹 236,淡竹 241,紫竹 243,雷竹 244,刚竹 245 **藤本:**薜荔 056,木通 080,常春油麻藤 125,紫藤 130,扶芳藤 154,小叶扶芳藤 155,雀梅藤 163,爬山虎 164,中华常春藤 180,花叶络石 200,络石 201,花叶蔓 202,凌霄 208 **草本:**诸葛菜 090,红花酢浆草 131,金叶过路黄 184,马蹄金 205,金鸡菊 216,金边阔叶麦冬 218,阔叶麦冬 219,山麦冬 220,麦冬 221,萱草 222,大花萱草 223,玉簪 224,兰花三七 225,沿阶草 226,吉祥草 227,石蒜 228,葱兰 230,假俭草 234,黑麦草 240,早熟禾 246,香根草 248,中华结缕草 251,石菖蒲 254,旱伞草 255,美人蕉 257

表 A.5　Ⅴ区浙东沿海丘陵海岛区植物选择表(续)

公路工程区域	植物名称及编号
路线交叉	**乔木:**日本冷杉 003,湿地松 006,马尾松 007,黑松 009,水杉 012,落羽杉 014,日本扁柏 016,云片柏 017,桧柏 022,罗汉松 027,杨梅 030,薄壳山核桃 031,意杨 033,桤木 035,甜槠 036,钩栗 040,红椆 042,白栎 046,朴树 048,榔榆 049,小叶榕 054,广玉兰 061,二乔玉兰 063,深山含笑 066,浙江樟 068,华东楠 070,红楠 071,浙江楠 072,檫木 074,球悬铃木 083,美人茶 086,木荷 087,厚皮香 088,枫香 093,碧桃 098,日本早樱 103,紫叶李 112,沙梨 114,合欢 120,皂荚 124,槐树 127,重阳木 132,乌桕 134,香椿 135,臭椿 137,川楝 139,三角枫 141,青榨槭 142,鸡爪槭 143,红枫 144,黄山栾树 145,栾树 146,七叶树 148,冬青 149,红果冬青 150,丝棉木 157,梧桐 168,紫薇 171,花石榴 172,八角枫 174,喜树 175,刺楸 181,大叶女贞 190,女贞 192,桂花 195,银桂 196,棕榈 253 **灌木:**苏铁 001,粗榧 028,勒杜鹃 057,红叶小檗 076,狭叶十大功劳 077,阔叶十大功劳 078,红花檵木 094,溲疏 095,海桐 097,贴梗海棠 105,红叶石楠 110,石楠 111,月季 115,麻叶绣线菊 118,绣线菊 119,黄花决明 122,紫荆 123,无刺构骨 152,金边黄杨 156,雀舌黄杨 158,大叶黄杨 159,黄杨 160,瑞香 169,胡颓子 170,洒金珊瑚 177,毛鹃 182,金叶女贞 189,金森女贞 191,四季桂 197,夹竹桃 199,大叶栀子 204,金边大花六道木 209,六道木 210,糯米条 211,金银花 212,珊瑚树 214 **竹类:**凤尾竹 233,淡竹 241,紫竹 243,雷竹 244,刚竹 245 **藤本:**薜荔 056,木通 080,常春油麻藤 125,紫藤 130,扶芳藤 154,小叶扶芳藤 155,雀梅藤 163,爬山虎 164,中华常春藤 180,花叶络石 200,络石 201,花叶蔓 202,凌霄 208 **草本:**诸葛菜 090,红花酢浆草 131,金叶过路黄 184,马蹄金 205,连钱草 206,金鸡菊 216,金边阔叶麦冬 218,阔叶麦冬 219,麦冬 221,萱草 222,大花萱草 223,玉簪 224,兰花三七 225,沿阶草 226,吉祥草 227,换锦花 229,葱兰 230,韭兰 231,假俭草 234,黑麦草 240,早熟禾 246,香根草 248,中华结缕草 251,石菖蒲 254,旱伞草 255
沿线设施	**乔木:**日本冷杉 003,湿地松 006,马尾松 007,日本五针松 008,黑松 009,金钱松 010,水杉 012,落羽杉 014,墨西哥落羽杉 015,日本扁柏 016,云片柏 017,桧柏 022,罗汉松 027,杨梅 030,薄壳山核桃 031,枫杨 032,意杨 033,桤木 035,甜槠 036,钩栗 040,青冈栎 041,红椆 042,石栎 043,麻栎 044,榔榆 049,小叶榕 054,白玉兰 060,广玉兰 061,紫玉兰 062,二乔玉兰 063,深山含笑 066,浙江樟 068,华东楠 070,红楠 071,浙江楠 072,紫楠 073,檫木 074,美人茶 086,木荷 087,厚皮香 088,二球悬铃木 091,梅花 099,杏 100,日本晚樱 101,日本早樱 103,枇杷 106,紫叶李 112,合欢 120,皂荚 124,刺槐 126,槐树 127,龙爪槐 128,重阳木 132,香椿 135,苦楝 138,川楝 139,三角枫 141,青榨槭 142,鸡爪槭 143,红枫 144,黄山栾树 145,栾树 146,七叶树 148,冬青 149,红果冬青 150,大叶冬青 153,丝棉木 157,杜英 165,梧桐 168,紫薇 171,花石榴 172,石榴 173,八角枫 174,喜树 175,刺楸 181,大叶女贞 190,女贞 192,桂花 195,银桂 196,棕榈 253 **灌木:**苏铁 001,铺地柏 025,粗榧 028,勒杜鹃 057,含笑 065,红叶小檗 076,狭叶十大功劳 077,阔叶十大功劳 078,南天竹 079,红花油茶 082,山茶 083,金丝桃 089,红花檵木 094,溲疏 095,八仙花 096,海桐 097,贴梗海棠 105,红叶石楠 110,石楠 111,月季 115,丰花月季 116,麻叶绣线菊 118,绣线菊 119,黄花决明 122,紫荆 123,无刺构骨 152,金边黄杨 156,雀舌黄杨 158,大叶黄杨 159,黄杨 160,木槿 167,瑞香 169,洒金珊瑚 177,毛鹃 182,迎春 188,金叶女贞 189,森女贞 191,小蜡 194,四季桂 197,醉鱼草 198,夹竹桃 199,栀子花 203,大叶栀子 204,金边大花六道木 209,六道木 210,糯米条 211,金银花 212,金银木 213,珊瑚树 214 **竹类:**凤尾竹 233,孝顺竹 236,淡竹 241,紫竹 243,雷竹 244,刚竹 245 **藤本:**薜荔 056,木通 080,常春油麻藤 125,紫藤 130,扶芳藤 154,小叶扶芳藤 155,雀梅藤 163,爬山虎 164,中华常春藤 180,花叶络石 200,络石 201,花叶蔓 202,凌霄 208

表 A.5　Ⅴ区浙东沿海丘陵海岛区植物选择表(续)

公路工程区域	植物名称及编号
沿线设施	**草本:**常夏石竹 058,诸葛菜 090,红花酢浆草 131,金叶过路黄 184,马蹄金 205,连钱草 206,一串红 207,金鸡菊 216,大吴风草 217,金边阔叶麦冬 218,阔叶麦冬 219,山麦冬 220,麦冬 221,萱草 222,大花萱草 223,玉簪 224,兰花三七 225,沿阶草 226,吉祥草 227,石蒜 228,葱兰 230,韭兰 231,蝴蝶花 232,假俭草 234,黑麦草 240,早熟禾 246,香根草 248,中华结缕草 251,石菖蒲 254,旱伞草 255,花叶美人蕉 256,美人蕉 257
取土场、弃土场	**乔木:**湿地松 006,黑松 009,落羽杉 014,意杨 033,小叶榕 054,沙梨 114,合欢 120,皂荚 124,槐树 127,苦楝 138,黄连木 140,黄山栾树 145,女贞 192 **灌木:**狭叶十大功劳 077,阔叶十大功劳 078,黄花决明 122,夹竹桃 199 **草本:**红花酢浆草 131,萱草 222,假俭草 234,狗牙根 237,黑麦草 240,早熟禾 246,香根草 248,石菖蒲 254

附　录　B
（资料性附录）
浙江省公路绿化植物习性表

各种绿化植物习性参见表B.1。

表B.1　浙江省公路绿化植物习性表

植物编号	植物名称	拉　丁　名	科名	种类	生　态　习　性	花期
1	苏铁	*Cycas revoluta* Thunb.	苏铁科	常绿灌木	喜温暖湿润气候及酸性土壤，不耐寒	6～7月
2	银杏	*Ginkgo biloba* Linn.	银杏科	落叶乔木	喜光，耐寒，深根性，环境适应性强，不耐湿土	3～4月
3	日本冷杉	*Abies firma* Siebold et Zucc.	松科	常绿乔木	喜凉爽湿润气候，耐阴，不耐烟尘	4～5月
4	雪松	*Cedrus deodara* (Roxb.) G. Don.	松科	常绿乔木	喜温和凉润气候，喜土层深厚排水良好的酸性土壤	10～11月
5	白皮松	*Pinus bungeana* Zucc. ex Endl.	松科	常绿乔木	喜光，耐瘠薄土壤，耐较干冷气候，喜温凉气候	4～5月
6	湿地松	*Pinus elliottii* Engelm.	松科	常绿乔木	喜温暖多雨气候，耐水湿和盐土，不耐干旱，抗风性较强	—
7	马尾松	*Pinus massoniana* Lamb.	松科	常绿乔木	喜光，深根性，不耐阴，喜温暖湿润气候，不耐盐碱	4～5月
8	日本五针松	*Pinus parviflora* Sieb. et Zucc.	松科	常绿乔木	较耐阴，不耐寒，生长慢，忌湿畏热	4～5月
9	黑松	*Pinus thunbergii* Parl.	松科	常绿乔木	耐干旱、瘠薄及盐碱土，抗海潮风	4～5月
10	金钱松	*Pseudolarix amabilis* (Nelson) Rehd.	松科	落叶乔木	喜生温暖多雨气候及深厚肥沃的酸性土壤，耐寒性不强，深根性，抗风性强	4月
11	柳杉	*Cryptomeria fortunei* Hooibrenk ex Otto et Dietr.	杉科	常绿乔木	喜温暖湿润气候及肥沃排水良好的酸性土壤，不耐寒，稍耐阴，浅根性	4月
12	水杉	*Metasequoia glyptostroboides* Hu et Cheng	杉科	落叶乔木	喜光，喜温暖气候气候及湿润肥沃的良好土壤，有一定耐寒性	2月下旬

表 B.1 浙江省公路绿化植物习性表(续)

植物编号	植物名称	拉 丁 名	科名	种类	生 态 习 性	花期
13	池杉	*Taxodium ascendens* Brongn.	杉科	落叶乔木	喜光,喜温热气候,有一定耐寒性,耐水湿,耐干旱,不耐碱性土壤,抗风性强	3~4月
14	落羽杉	*Taxodium distichum* (L.) Rich.	杉科	落叶乔木	喜光,耐水湿,有一定耐寒性	—
15	墨西哥落羽杉	*Taxodium mucronatum* Tenore	杉科	半常绿乔木	喜温暖,不耐寒,耐水湿,对碱性土壤适应力较强	—
16	日本扁柏	*Chamaecyparis obtusa* (Sieb. et Zucc.) Endl.	柏科	常绿乔木	喜凉爽湿润气候及温润而排水良好的肥沃土壤,较耐阴,浅根性	4月
17	云片柏	*Chamaecyparis obtusa* (Sieb. et Zucc.) Endl. 'Breviramea' Dallimore et Jackson	柏科	常绿乔木	喜凉爽湿润气候及温润而排水良好的肥沃土壤,较耐阴,浅根性	—
18	日本花柏	*Chamaecyparis pisifera* (Sieb. et Zucc.) Endl.	柏科	常绿乔木	较耐阴,喜温暖湿润气候及深厚的沙壤土,耐寒性较差	—
19	柏木	*Cupressus funebris* Endl.	柏科	常绿乔木	喜光,稍耐阴,耐干旱瘠薄,稍耐水湿,喜钙质土,浅根性	3~5月
20	侧柏	*Platycladus orientalis* (L.) Franco	柏科	常绿乔木	喜光,耐干旱瘠薄和盐碱地,不耐水涝,浅根性	3~4月
21	千头柏	*Platycladus orientalis* (L.) Franco 'Sieboldii'	柏科	常绿灌木	喜光,耐干旱瘠薄和盐碱地,不耐水涝,浅根性	3~4月
22	桧柏	*Sabina chinensis* (L.) Ant.	柏科	常绿乔木	生于中性土、钙质土及微酸性土壤上,喜光,喜温凉、温暖气候及湿润土壤	—
23	龙柏	*Sabina chinensis*(L.) Ant. 'Kaizuca'	柏科	常绿乔木	生于中性土、钙质土及微酸性土壤上,喜光,喜温凉、温暖气候及湿润土壤	—

表 B.1　浙江省公路绿化植物习性表(续)

植物编号	植物名称	拉　丁　名	科名	种类	生 态 习 性	花期
24	蜀桧	*Sabina chinensis*(L.) Ant. 'Pyramidalis'	柏科	常绿乔木	喜光,喜温凉、温暖气候及湿润土壤	4月
25	铺地柏	*Sabina procumbens* (Endl.) Iwata et Kusaka	柏科	常绿灌木	喜滨海气候,不择土壤,适应性强	—
26	北美圆柏	*Sabina virginiana* (L.) Ant.	柏科	常绿乔木	适应性强,耐干燥,抗毒气体和锈病能力强	—
27	罗汉松	*Podocarpus macrophyllus* (Thunb.) D. Don	罗汉松科	常绿乔木	稍耐阴,不耐寒	4~5月
28	粗榧	*Cephalotaxus sinensis* (Rehd. et Wils.) Li	三尖杉科	常绿灌木	喜温凉湿润气候,耐阴,有一定的耐寒性	3~4月
29	红豆杉	*Taxus chinensis* (Pilger) Rehd.	红豆杉科	常绿乔木	喜阴,耐旱,抗寒	—
30	杨梅	*Myrica rubra* (Lour.) S. et Zucc.	杨梅科	常绿乔木	喜温暖湿润气候及酸性土壤,不耐寒,深根性,抗污染	4月
31	薄壳山核桃	*Carya illinoensis* (Wangenh.) K. Koch	胡桃科	落叶乔木	喜光,喜温暖湿润气候,有一定耐寒性,深根性	5月
32	枫杨	*Pterocarya stenoptera* C. DC.	胡桃科	落叶乔木	喜光,适应性强,颇耐寒,耐低湿,深根性	4~5月
33	意杨	*Populus* × *canadensis* Moench	杨柳科	落叶乔木	喜温暖湿润气候,耐瘠薄及微碱性土壤,速生性	4月
34	垂柳*	*Salix babylonica* Linn.	杨柳科	落叶乔木	喜水湿,耐水淹,耐干旱	3~4月
35	桤木	*Alnus cremastogyne* Burk.	桦木科	落叶乔木	喜光,喜温暖气候,适应性强,喜水湿	—
36	甜槠	*Castanopsis eyrei* (Champ.) Tutch.	山毛榉科	常绿乔木	喜温暖多雨及肥沃湿润的酸性土壤,深根性,抗污染	4~6月

表 B.1　浙江省公路绿化植物习性表(续)

植物编号	植物名称	拉　丁　名	科名	种类	生 态 习 性	花期
37	栲树	*Castanopsis fargesii* Franch.	山毛榉科	常绿乔木	喜湿润肥沃土壤,耐阴,在沟谷阴坡生长最好	4~6月、8~10月
38	南岭栲	*Castanopsis fordii* Hance	山毛榉科	常绿乔木	较喜光,幼年耐阴	3~4月
39	苦槠	*Castanopsis sclerophylla* (Lindl.) Schott.	山毛榉科	常绿乔木	喜光,稍耐阴,喜肥沃湿润土壤,耐干旱瘠薄,深根性,抗污染	4~5月
40	钩栗	*Castanopsis tibetana* Hance	山毛榉科	常绿乔木	喜温暖湿润气候,防尘抗毒能力强	4~5月
41	青冈栎*	*Cyclobalanopsis glauca* (Thunb.) Oerst.	山毛榉科	常绿乔木	喜温暖湿润气候及肥沃土壤,耐修剪,深根性	4~5月
42	红椆(杏叶柯)	*Lithocarpus amygdalifolius* (Skan) Hayata	山毛榉科	落叶乔木	喜温暖湿润气候	3~9月
43	石栎*	*Lithocarpus glaber* (Thunb.) Nakai	山毛榉科	常绿乔木	喜光,稍耐阴,耐干旱瘠薄	7~11月
44	麻栎	*Quercus acutissima* Carruth.	山毛榉科	落叶乔木	喜光,适应性强,耐干旱瘠薄,深根性	3~4月
45	槲栎	*Quercus aliena* Bl.	山毛榉科	落叶乔木	喜光,稍耐阴,适应性强,耐寒,耐干旱瘠薄	4~5月
46	白栎	*Quercus fabri* Hance	山毛榉科	落叶乔木	喜光,喜温暖气候,耐干旱	4月
47	珊瑚朴	*Celtis julianae* Schneid.	榆科	落叶乔木	喜光,稍耐阴,喜肥沃湿润的溪谷和坡地,耐干旱,深根性	3~4月
48	朴树	*Celtis sinensis* Pers.	榆科	落叶乔木	喜光,稍耐阴,对土壤要求不高,耐轻盐碱土,深根性,抗风性强,抗烟尘,抗有毒气体	3~4月
49	榔榆	*Ulmus parvifolia* Jacq.	榆科	落叶乔木	喜光,喜温暖湿润气候,耐干旱瘠薄,深根性	8~10月

表 B.1 浙江省公路绿化植物习性表(续)

植物编号	植物名称	拉 丁 名	科名	种类	生 态 习 性	花期
50	榆树	*Ulmus pumila* Linn.	榆科	落叶乔木	喜光,耐盐碱,耐寒耐旱,抗风性强,不耐低湿,耐修剪	3~4月
51	榉树	*Zelkova serrata* (Thunb.) Makino	榆科	落叶乔木	喜光,稍耐阴,喜温暖湿润气候及肥沃湿土壤,耐烟尘,抗病虫害能力强,深根性,抗风性强	4月
52	杜仲	*Eucommia ulmoides* Oliver	杜仲科	落叶乔木	喜光,耐寒,适应性强	4月
53	无花果	*Ficus carica* Linn.	桑科	落叶灌木	喜光,喜温暖湿润气候,耐寒性不强,耐干旱	5~7月
54	小叶榕	*Ficus concinna* (Miq.) Miq.	桑科	常绿乔木	喜温暖多雨气候及酸性土壤	—
55	异叶榕	*Ficus heteromorpha* Hemsl.	桑科	落叶灌木	喜阴	4~5月
56	薜荔	*Ficus pumila* Linn.	桑科	常绿藤本	耐阴,喜温暖气候,不耐寒	5~6月
57	勒杜鹃	*Bougainvillea glabra* Choisy	紫茉莉科	常绿灌木	喜温暖湿润和阳光充足的环境,不耐寒	11~次年6月
58	常夏石竹	*Dianthus plumarius* Linn.	石竹科	草本	喜温暖和阳光充足的环境,不耐寒,喜深厚肥沃土壤	5~10月
59	鹅掌楸	*Liriodendron chinense* (Hemsl.) Sargent.	木兰科	落叶乔木	喜温暖湿润气候及深厚肥沃的酸性土壤,喜光,耐寒性不强	5月
60	白玉兰★	*Magnolia denudata* Desr.	木兰科	落叶乔木	喜光,有一定耐寒性,喜肥沃湿润的酸性土壤,较耐干旱,不耐积水	3~4月
61	广玉兰	*Magnolia grandiflora* Linn.	木兰科	常绿乔木	喜光,喜温暖湿润气候及肥沃湿润土壤,耐烟尘,不耐寒,对二氧化硫抗性较强	5~6月
62	紫玉兰	*Magnolia liliflora* Desr.	木兰科	落叶乔木	喜光,较耐寒	3~4月
63	二乔玉兰★	*Magnolia soulangeana* (Soul.-Bod.) D. L. Fu	木兰科	落叶乔木	喜光,耐寒耐旱	2~3月

表 B.1 浙江省公路绿化植物习性表(续)

植物编号	植物名称	拉 丁 名	科名	种类	生 态 习 性	花期
64	木莲	*Manglietia fordiana* Oliv.	木兰科	常绿乔木	喜光,喜温暖湿润气候及肥沃的酸性土壤	5月
65	含笑	*Michelia figo* (Lour.) Spreng.	木兰科	常绿灌木	耐阴,不耐寒	3~5月
66	深山含笑	*Michelia maudiae* Dunn	木兰科	常绿乔木	能耐阴,不耐干旱及暴晒	2~3月
67	香樟*	*Cinnamomum camphora* (L.) presl	樟科	常绿乔木	喜光,稍耐阴,喜温暖湿润气候,不耐寒,较耐水湿,不耐干旱瘠薄和盐碱土壤,深根性,耐修剪,抗烟尘,抗风,抗污染	4~5月
68	浙江樟(天竺桂)	*Cinnamomum japonicum* Sieb.	樟科	常绿乔木	喜温暖湿润气候及排水良好的微酸性土壤,不能积水,抗污染	4~5月
69	天目木姜子	*Litsea auriculata* Chien et Cheng	樟科	落叶乔木	耐湿,耐寒	3~4月
70	华东楠*	*Machilus leptophylla* Hand. -Mazz.	樟科	常绿乔木	稍耐阴,喜温暖湿润气候	4~5月
71	红楠	*Machilus thunbergii* Sieb. et Zucc.	樟科	常绿乔木	稍耐阴,喜温暖湿润气候,有一定耐寒能力,耐盐性,抗风	2月
72	浙江楠*	*Phoebe chekiangensis* C. B. Shang	樟科	常绿乔木	适应性强	4~5月
73	紫楠*	*Phoebe sheareri* (Hemsl.) Gamble	樟科	常绿乔木	喜温暖湿润气候及较阴湿环境,深根性	4~5月
74	檫木	*Sassafras tzumu* (Hemsl.) Hemsl.	樟科	落叶乔木	喜光,喜温暖湿润气候及酸性土壤,不耐旱,忌水湿,不耐寒,深根性	3~4月
75	日本小檗	*Berberis thunbergii* DC.	小檗科	落叶灌木	耐半阴,耐寒,耐干旱瘠薄	4~6月
76	红叶小檗	*Berberis thunbergii* var. *atropurpurea* Chenault	小檗科	落叶灌木	耐半阴,耐干旱瘠薄,耐寒性强	4~6月
77	狭叶十大功劳	*Mahonia fortunei* (Lindl.) Fedde	小檗科	常绿灌木	耐阴,喜温暖湿润气候,不耐寒	7~8月
78	阔叶十大功劳	*Mahonia bealei* (Fort.) Carr.	小檗科	常绿灌木	能耐阴,喜温暖湿润气候,喜湿润排水良好的土壤,耐寒性强	9~次年1月

表 B.1 浙江省公路绿化植物习性表(续)

植物编号	植物名称	拉 丁 名	科名	种类	生 态 习 性	花期
79	南天竹	*Nandina domestica* Thunb.	小檗科	常绿灌木	喜光,耐阴,喜温暖湿润气候,不耐寒	3~6月
80	木通	*Akebia quinata* (Houtt.) Decne.	木通科	半常绿藤本	稍耐阴,喜温暖湿润气候	4~5月
81	三叶木通	*Akebia trifoliata* (Thunb.) Koidz.	木通科	落叶藤本	喜阴	4~5月
82	红花油茶(浙江红山茶)*	*Camellia chekiangoleosa* Hu	山茶科	常绿灌木	喜温暖多湿气候,不耐寒冷,对土壤要求不高	4月
83	山茶	*Camellia japonica* Linn.	山茶科	常绿灌木	喜半阴,喜温暖湿润气候,有一定耐寒能力,喜肥沃湿润的酸性土壤	1~4月
84	油茶*	*Camellia oleifera* Abel.	山茶科	常绿灌木	喜光,喜温暖湿润气候,喜酸性土壤	10~12月
85	茶梅	*Camellia sasanqua* Thunb.	山茶科	常绿灌木	喜光,也稍耐阴,喜温暖气候及酸性土壤,不耐寒	12~次年2月
86	美人茶	*Camellia uraku* (Mak.) Kitamura	山茶科	常绿乔木	喜半阴,喜温暖气候,较抗寒	12~次年3月
87	木荷	*Schima superba* Gardn. et Champ.	山茶科	常绿乔木	喜光,耐阴,喜温暖气候及酸性土壤,不耐寒	6~8月
88	厚皮香	*Ternstroemia gymnanthera* (Wight et Arn.) Beddome	山茶科	常绿小乔	能耐阴,适应性强,喜酸性土壤	5~7月
89	金丝桃	*Hypericum monogynum* Linn.	藤黄科	半常绿灌木	喜光,耐半阴,耐寒性不强	5~8月
90	诸葛菜	*Orychophragmus violaceus* (L.) O. E. Schulz	十字花科	草本	适应性强,耐寒性强	4~5月
91	二球悬铃木	*Platanus acerifolia* Willd.	悬铃木科	落叶乔木	耐修剪,抗烟尘,适应性强	4~5月
92	蚊母树	*Distylium racemosum* Sieb. et Zucc.	金缕梅科	常绿灌木	喜光,稍耐阴,喜温暖湿润气候,耐寒性不强,对土壤要求不高	3~4月
93	枫香	*Liquidambar formosana* Hance	金缕梅科	落叶乔木	喜光,喜温暖湿润气候,耐干旱瘠薄,抗风	4~5月

表 B.1　浙江省公路绿化植物习性表(续)

植物编号	植物名称	拉　丁　名	科名	种类	生　态　习　性	花期
94	红花檵木*	*Loropetalum chinense* var. *rubrum* Yieh	金缕梅科	常绿灌木	稍耐阴,喜温暖气候及酸性土壤	3～4月
95	溲疏	*Deutzia scabra* Thunb.	虎耳草科	落叶灌木	喜温暖,耐寒性不强	5～6月
96	八仙花	*Hydrangea macrophylla* (Thunb.) Ser.	虎耳草科	落叶灌木	喜阴湿,不耐寒,喜排水好的微酸性土壤	6～8月
97	海桐*	*Pittosporum tobira* (Thunb.) Ait.	海桐花科	常绿灌木	喜温暖湿润气候,不耐寒,对土壤要求不高,抗毒性,耐修剪	5月
98	碧桃*	*Amygdalus persica* L. var. *persica* f. *duplex* Rehd.	蔷薇科	落叶乔木	喜光,耐干旱,不耐水湿,喜高温,有一定的耐寒能力	3～4月
99	梅花	*Armeniaca mume* Sieb.	蔷薇科	落叶小乔	喜光,较耐干旱,喜温暖湿润气候,耐寒性不强,不耐涝	2～3月
100	杏	*Armeniaca vulgaris* Lam.	蔷薇科	落叶乔木	喜光,适应性强,耐寒耐旱能力强,抗盐性强,不耐涝,深根性	3～4月
101	日本晚樱	*Cerasus serrulata* (Lindl.) G. Don ex London var. *lannesiana* (Carr.) Makino	蔷薇科	落叶乔木	喜光,较耐寒,喜深厚肥沃土壤	4～5月
102	东京樱花	*Cerasus yedoensis* (Matsum.) Yu et Li	蔷薇科	落叶乔木	喜光,性强健	4月
103	日本早樱	*Cerasus subhirtella* (Miq.) A. N. Vassiljeva	蔷薇科	落叶乔木	喜光,喜温暖湿润气候,也较耐寒,浅根性,喜排水良好的土壤,抗污染能力弱	4月
104	木瓜	*Chaenomeles sinensis* (Thouin) Koehne	蔷薇科	落叶小乔	喜光,喜温暖湿润气候及肥沃深厚且排水良好的土壤,耐寒性不强	4月
105	贴梗海棠*	*Chaenomeles speciosa* (Sweet) Nakai	蔷薇科	落叶灌木	喜光,耐瘠薄,有一定耐寒能力,喜排水良好的深厚肥沃土壤,不耐水湿	3～4月

表 B.1 浙江省公路绿化植物习性表(续)

植物编号	植物名称	拉 丁 名	科名	种类	生 态 习 性	花期
106	枇杷★	*Eriobotrya japonica* (Thunb.) Lindl.	蔷薇科	常绿小乔	喜温暖湿润气候,不耐寒,稍耐阴,喜肥沃湿润且排水良好的中性或酸性土壤	10~12月
107	棣棠	*Kerria japonica* (L.) DC.	蔷薇科	落叶灌木	喜光,稍耐阴,喜温暖湿润气候,不耐寒	4~6月
108	垂丝海棠★	*Malus halliana* Koehne	蔷薇科	落叶小乔	喜光,喜温暖湿润气候,不耐寒,不耐旱	3~4月
109	海棠花	*Malus spectabilis* (Ait.) Borkh.	蔷薇科	落叶小乔	喜光,耐寒耐旱,忌水湿	4~5月
110	红叶石楠	*Photinia fraseri* Dress	蔷薇科	常绿灌木	耐瘠薄,适合在微酸性的土壤中生长,有极强的抗阴能力和抗干旱能力,耐修剪,不耐水湿	4~5月
111	石楠	*Photinia serrulata* Lindl.	蔷薇科	常绿灌木	稍耐阴,喜温暖湿润气候,耐干旱瘠薄,不耐水湿	4~5月
112	紫叶李	*Prunus cerasifera* Ehrhar f. *atropurpurea* (Jacq.) Rehd.	蔷薇科	落叶小乔	喜温暖气候,较耐寒	3~4月
113	火棘▲	*Pyracantha fortuneana* (Maxim.) Li	蔷薇科	常绿灌木	喜光,不耐寒	3~5月
114	沙梨	*Pyrus pyrifolia* (Burm. f.) Nakai	蔷薇科	落叶乔木	喜光,喜温暖湿润气候及酸性土壤,耐旱,耐水湿	4月
115	月季★	*Rosa chinensis* Jacq.	蔷薇科	常绿灌木	喜光,喜温暖湿润气候及肥沃土壤,耐寒性不强	4~9月
116	丰花月季	*Rosa cultivars* Floribunda	蔷薇科	常绿灌木	耐寒,耐高温,抗旱,抗涝,抗病,对环境的适应性极强	5~10月
117	金樱子▲	*Rosa laevigata* Michx.	蔷薇科	常绿攀缘灌木	喜光,喜温暖湿润气候,对土壤要求不高	4~6月
118	麻叶绣线菊	*Spiraea cantoniensis* Lour.	蔷薇科	落叶灌木	喜温暖气候	4~5月

表 B.1 浙江省公路绿化植物习性表(续)

植物编号	植物名称	拉 丁 名	科名	种类	生 态 习 性	花期
119	绣线菊	*Spiraea salicifolia* Linn.	蔷薇科	落叶灌木	喜光,耐寒,喜肥沃湿润土壤,不耐干瘠	6~8月
120	合欢	*Albizia julibrissin* Durazz.	豆科	落叶乔木	稍耐阴,耐寒,耐干旱瘠薄	6~7月
121	紫穗槐	*Amorpha fruticosa* Linn.	豆科	落叶灌木	耐瘠薄,耐水湿和轻度盐碱土,又能固氮	5~6月
122	黄花决明	*Cassia glauca* Lam.	豆科	落叶大灌木	耐瘠薄,耐旱	8~12月
123	紫荆★	*Cercis chinensis* Bunge	豆科	落叶灌木	耐干旱瘠薄,不耐涝	3~4月
124	皂荚	*Gleditsia sinensis* Lam.	豆科	落叶乔木	耐寒,耐干旱,抗污染	3~5月
125	常春油麻藤	*Mucuna sempervirens* Hemsl.	豆科	常绿藤本	耐阴,喜光,喜温暖湿润气候,适应性强,耐寒,耐干旱瘠薄,对土壤要求不高	4~5月
126	刺槐	*Robinia pseudoacacia* Linn.	豆科	落叶乔木	适应性强,怕阴蔽和水湿,浅根性	4~6月
127	槐树★	*Sophora japonica* Linn.	豆科	落叶乔木	耐寒,抗性强,耐修剪	7~8月
128	龙爪槐	*Sophora japonica* Linn. var. *japonica* f. *pendula* Hort.	豆科	落叶乔木	喜光,稍耐阴,能适应干冷气候,喜土层深厚、湿润肥沃、排水良好的沙质壤土	7~8月
129	白三叶	*Trifolium repens* Linn.	豆科	草本	喜光,耐寒,抗旱,对土壤要求不高	4~6月
130	紫藤	*Wisteria sinensis* (Sims) Sweet	豆科	落叶藤本	喜光,耐干旱,畏水淹	4~5月
131	红花酢浆草	*Oxalis corymbosa* DC.	酢浆草科	草本	喜阴蔽、湿润环境,耐寒性不强	4~11月
132	重阳木	*Bischofia polycarpa* (Lévl.) Airy Shaw	大戟科	落叶乔木	喜光,耐水湿,抗风性强	4~5月

表 B.1 浙江省公路绿化植物习性表(续)

植物编号	植物名称	拉 丁 名	科名	种类	生 态 习 性	花期
133	南酸枣	*Choerospondias axillaris* (Roxb.) Burtt et Hill.	大戟科	落叶乔木	稍耐阴,喜温暖湿润气候,怕水淹,不耐寒	4~5月
134	乌桕★	*Sapium sebiferum* (L.) Roxb.	大戟科	落叶乔木	喜光,喜温暖气候及肥沃深厚的土壤,耐水湿,抗风性强	4~8月
135	香椿	*Toona sinensis* (A. Juss.) Roem.	大戟科	落叶乔木	喜光,耐寒差,喜湿润肥沃的土壤,耐轻度盐渍土,耐水湿	6~8月
136	枳▲	*Poncirus trifoliata* (L.) Raf.	芸香科	落叶小乔	喜光,耐半阴,喜温暖湿润气候及排水良好的深厚肥沃土壤,有一定的耐寒性	5~6月
137	臭椿★	*Ailanthus altissima* (Mill.) Swingle	苦木科	落叶乔木	耐干瘠,抗盐碱,抗污染	4~5月
138	苦楝	*Melia azedarach* Linn.	楝科	落叶乔木	喜光,喜温暖湿润气候,不耐寒,耐轻微盐碱,不耐干旱	4~5月
139	川楝	*Melia toosendan* Sieb. et Zucc.	楝科	落叶乔木	喜光,不耐寒,抗烟尘,抗污染	3~4月
140	黄连木★	*Pistacia chinensis* Bunge	漆树科	落叶乔木	喜光,适应性强,耐干旱瘠薄,深根性,抗风性强,抗污染	4月
141	三角枫	*Acer buergerianum* Miq.	槭树科	落叶乔木	喜温暖湿润气候,稍耐阴,耐水湿,耐修剪	4月
142	青榨槭	*Acer davidii* Franch.	槭树科	落叶乔木	耐半阴,喜湿润溪谷	4月
143	鸡爪槭	*Acer palmatum* Thunb.	槭树科	落叶小乔	喜光,喜温暖湿润气候,耐寒性不强	5月
144	红枫(小鸡爪槭)	*Acer palmatum* Thunb. var. *thunbergii* Pax	槭树科	落叶小乔	喜光,喜温暖湿润气候,耐寒性不强	5月
145	黄山栾树(全缘叶栾树)	*Koelreuteria bipinnata* Franch. var. *integrifoliola* (Merr.) T. Chen	无患子科	落叶乔木	喜温暖湿润气候,喜光,稍耐半阴,耐盐渍性土,耐寒,耐旱,耐瘠薄	7~9月

表 B.1 浙江省公路绿化植物习性表(续)

植物编号	植物名称	拉丁名	科名	种类	生态习性	花期
146	栾树★	*Koelreuteria paniculata* Laxm.	无患子科	落叶乔木	耐寒,耐旱	6~8月
147	无患子★	*Sapindus mukorossi* Gaertn.	无患子科	落叶乔木	喜光,稍耐阴,喜温暖湿润气候,耐寒性不强,在中性土壤及石灰岩山地生长良好,对二氧化硫抗性较强,深根性,抗风性强,不耐修剪	5~6月
148	七叶树	*Aesculus chinensis* Bunge	七叶树科	落叶乔木	喜光,耐半阴,喜温暖湿润气候,不耐寒,喜肥沃深厚土壤,深根性,不耐移植	4~5月
149	冬青	*Ilex chinensis* Sims	冬青科	常绿乔木	喜光,稍耐阴,喜温暖气候,喜酸性土壤,不耐寒,耐修剪	4~6月
150	红果冬青	*Ilex corallina* Franch.	冬青科	常绿乔木或灌木	喜光,耐阴,不耐寒,耐湿,不耐积水,耐修剪,深根性	4~5月
151	枸骨▲	*Ilex cornuta* Lindl. et Paxt.	冬青科	常绿灌木	喜光,不耐寒	4~5月
152	无刺枸骨	*Ilex cornuta* Lindl. et Paxt. 'Fortunei'	冬青科	常绿灌木	喜光,不耐寒	4~5月
153	大叶冬青	*Ilex latifolia* Thunb.	冬青科	常绿乔木	耐阴,不耐寒	4月
154	扶芳藤	*Euonymus fortunei* (Turcz.) Hand. -Mazz.	卫矛科	常绿藤本	耐阴,喜温暖,不耐寒	6月
155	小叶扶芳藤	*Euonymus fortunei* var. *radicans* Sieb.	卫矛科	常绿藤本	耐阴,喜温暖,耐寒性不强	6月
156	金边黄杨	*Euonymus japonicus* Thunb. var. *aurea – marginatus* Hort.	卫矛科	常绿灌木	喜光,耐阴,喜温暖湿润气候,耐寒性不强	6~7月
157	丝棉木	*Euonymus maackii* Rupr.	卫矛科	落叶乔木	稍耐阴,适应性强,耐干旱,耐水湿,深根性,耐寒	5~6月
158	雀舌黄杨	*Buxus bodinieri* Lévl.	黄杨科	常绿灌木	耐寒	2月

表 B.1 浙江省公路绿化植物习性表(续)

植物编号	植物名称	拉 丁 名	科名	种类	生 态 习 性	花期
159	大叶黄杨	*Buxus megistophylla* Lévl.	黄杨科	常绿灌木	喜温湿气候,抗有毒气体,较耐寒,耐修剪	3~4月
160	黄杨	*Buxus sinica* (Rehd. et Wils.) Cheng	黄杨科	常绿灌木	较耐阴,耐寒,抗烟尘,浅根性,耐修剪	3月
161	枳椇	*Hovenia acerba* Lindl.	鼠李科	落叶乔木	喜光,喜肥沃湿润土壤	5~7月
162	马甲子▲	*Paliurus ramosissimus* (Lour.) Poir.	鼠李科	落叶灌木	喜光,喜温暖湿润气候,不耐寒	5~8月
163	雀梅藤	*Sageretia thea* (Osbeck) Johnst.	鼠李科	半常绿藤本	喜光,稍耐阴,喜温暖气候,不耐寒,耐修剪	7~11月
164	爬山虎(地锦)	*Euphorbia humifusa* Willd. ex Schlecht.	葡萄科	落叶藤本	喜阴湿,适应性强	6~7月
165	杜英	*Elaeocarpus decipiens* Hemsl.	杜英科	常绿乔木	稍耐阴,喜温暖湿润气候及酸性土壤,耐修剪,抗污染	6~7月
166	木芙蓉*	*Hibiscus mutabilis* Linn.	锦葵科	落叶小乔	喜光,喜温暖,不耐寒	8~10月
167	木槿	*Hibiscus syriacus* Linn.	锦葵科	落叶灌木	喜光,喜温暖湿润气候,耐干旱瘠薄,较耐寒,耐修剪	7~10月
168	梧桐(青桐)	*Firmiana platanifolia* (L. f.) Marsili	梧桐科	落叶乔木	喜光,喜温暖湿润气候,耐寒性不强,怕水淹	6月
169	瑞香	*Daphne odora* Thunb.	瑞香科	常绿灌木	喜阴,不耐寒,喜排水良好的酸性土壤,不耐移植	3~5月
170	胡颓子	*Elaeagnus pungens* Thunb.	胡颓子科	常绿灌木	喜光,耐半阴,喜温暖气候,适应性强,耐干旱,耐水湿,耐修剪,抗污染	9~12月
171	紫薇*	*Lagerstroemia indica* Linn.	千屈菜科	落叶小乔	半阴生,喜生于肥沃湿润的土壤上,也能耐旱,不论钙质土或酸性土都生长良好	6~9月

表 B.1　浙江省公路绿化植物习性表(续)

植物编号	植物名称	拉　丁　名	科名	种类	生 态 习 性	花期
172	花石榴	*Punica granatum* L. 'Nana' Pers	石榴科	落叶小乔	喜光,喜温暖气候,有一定耐寒能力,喜肥沃湿润而排水良好的石灰质土壤	5~7月
173	石榴	*Punica granatum* Linn.	石榴科	落叶小乔	喜光,喜温暖气候,有一定耐寒能力,喜排水良好的湿润肥沃土壤	5~6月
174	八角枫	*Alangium chinense* (Lour) Harms	八角枫科	落叶小乔	稍耐阴,耐寒性不强	5~7月、9~10月
175	喜树*	*Camptotheca acuminata* Decne.	蓝果树科	落叶乔木	喜光,喜温暖湿润气候,不耐寒,喜肥沃湿润土壤,不耐干旱瘠薄,适应性强,浅根性	5~7月
176	桃叶珊瑚	*Aucuba chinensis* Benth.	山茱萸科	常绿小乔或灌木	耐阴,喜温暖湿润气候及排水良好土壤	1~2月
177	洒金珊瑚	*Aucuba japonica* Thunb. 'Variegata'	山茱萸科	常绿灌木	喜温暖湿润气候,不耐寒,对烟尘和大气污染抗性强	3~4月
178	四照花	*Dendrobenthamia japonica* (DC.) Fang var. *chinensis* (Osborn.) Fang	山茱萸科	落叶小乔	喜温暖气候,有一定耐寒力	5~6月
179	八角金盘	*Fatsia japonica* (Thunb.) Decne. et Planch.	五加科	常绿灌木	稍耐阴,耐寒性不强,要求土壤排水良好	10~11月
180	中华常春藤	*Hedera nepalensis* K. Koch var. *sinensis* (Tobl.) Rehd.	五加科	常绿藤本	耐阴,不耐寒	9~11月
181	刺楸	*Kalopanax septemlobus* (Thunb.) Koidz.	五加科	落叶乔木	喜光,适应性强,喜肥沃湿润的酸性至中性土壤,深根性	7~10月
182	毛鹃	*Rhododendron pulchrum* Sweet	杜鹃花科	半常绿灌木	喜凉爽湿润和阳光充足的环境,耐寒,怕热,耐半阴,不耐长时间强光暴晒	4~5月

表 B.1 浙江省公路绿化植物习性表(续)

植物编号	植物名称	拉丁名	科名	种类	生态习性	花期
183	杜鹃	*Rhododendron simsii* Planch.	杜鹃花科	半常绿灌木	喜温湿气候及酸性土壤	4~5月
184	金叶过路黄	*Lysimachia nummularia* Linn. 'Aurea'	报春花科	草本	喜光也耐半阴,较耐干旱,适应性强	6~7月
185	罗浮柿	*Diospyros morrisiana* Hance	柿树科	落叶乔木	喜高温多湿,性强健,耐热,耐旱,耐阴,耐贫瘠土壤,耐风,耐修剪	5~6月
186	油柿	*Diospyros oleifera* Cheng	柿树科	落叶乔木	喜温暖气候,抗逆性强,适应性强	4~5月
187	云南黄素馨	*Jasminum mesnyi* Hance	木犀科	半常绿藤状灌木	喜光,稍耐阴,不耐寒	11~次年8月
188	迎春*	*Jasminum nudiflorum* Lindl.	木犀科	半常绿藤状灌木	喜光,稍耐阴,耐寒	6月
189	金叶女贞	*Ligustrum* × *vicaryi* Hort	木犀科	常绿灌木	喜光,稍耐阴,较耐寒,抗有毒气体	3~5月
190	大叶女贞	*Ligustrum compactum* (Wall. ex G. Don) Hook. f.	木犀科	常绿乔木	适应性强,喜光,稍耐阴	3~7月
191	金森女贞	*Ligustrum japonicum* Thunb. 'Howardii'	木犀科	常绿灌木	喜光,耐旱,耐寒,对土壤要求不高	—
192	女贞	*Ligustrum lucidum* Ait.	木犀科	常绿乔木	稍耐阴,喜温暖湿润气候,有一定耐寒性,抗污染,耐修剪	5~7月
193	小叶女贞	*Ligustrum quihoui* Carr.	木犀科	落叶灌木	喜光,较耐寒,耐修剪	5~7月
194	小蜡	*Ligustrum sinense* Lour.	木犀科	落叶小乔或灌木	耐修剪,较耐寒	3~6月
195	桂花	*Osmanthus fragrans* (Thunb.) Lour.	木犀科	常绿乔木	喜光,耐半阴,喜温暖气候,不耐寒	9月
196	银桂	*Osmanthus fragrans* (Thunb.) Lour. 'Latifoliu'	木犀科	常绿乔木	喜温暖湿润气候,喜肥沃排水良好的土壤	9~10月
197	四季桂	*Osmanthus fragrans* (Thunb.) Lour. 'Sijigui'	木犀科	常绿灌木	喜光,耐半阴,喜温暖气候,不耐寒	3~5月

表 B.1 浙江省公路绿化植物习性表(续)

植物编号	植物名称	拉丁名	科名	种类	生态习性	花期
198	醉鱼草★	*Buddleja lindleyana* Fortune	马钱科	落叶灌木	喜光,喜温暖湿润气候,抗旱,耐寒,耐半阴,忌水涝	4~10月
199	夹竹桃	*Nerium indicum* Mill.	夹竹桃科	常绿灌木	喜光,喜温暖气候,不耐寒,耐烟尘,抗污染	夏秋
200	花叶络石	*Trachelospermum jasminoides* (Lindl.) Lem. 'Flame'	夹竹桃科	常绿藤本	耐干旱,抗涝,耐寒,性强健,抗病能力强	—
201	络石	*Trachelospermum jasminoides* (Lindl.) Lem.	夹竹桃科	常绿藤本	耐阴,喜温暖湿润气候,耐寒性不强	3~7月
202	花叶蔓	*Vinca major* L. 'Variegata'	夹竹桃科	常绿藤本	喜光,耐半阴,不耐寒	3月
203	栀子花	*Gardenia jasminoides* Ellis	茜草科	常绿灌木	喜光,耐阴,不耐寒,喜温暖湿润气候及酸性土壤	3~7月
204	大叶栀子	*Gardenia jasminoides* Ellis var. *grandiflora* Nakai.	茜草科	常绿灌木	喜湿润,喜光照,不耐寒	6月
205	马蹄金	*Dichondra repens* Forst.	旋花科	草本	喜光,喜温暖湿润气候及肥沃土壤,抗性较强	4~5月
206	连钱草(活血丹)	*Glechoma longituba* (Nakai) Kupr	唇形科	草本	喜阴,耐寒,耐涝	4~5月
207	一串红	*Salvia splendens* Ker-Gawl.	唇形科	草本	喜温暖向阳,耐半阴,不耐霜冻,喜排水良好的肥沃土壤	3~10月
208	凌霄	*Campsis grandiflora* (Thunb.) Schum.	紫葳科	落叶藤本	喜光,耐寒	5~8月
209	金边大花六道木	*Abelia* × *grandiflora* (André) Rehd. 'Francis Mason'	忍冬科	半常绿灌木	耐半阴,耐寒,耐旱,耐修剪	7月~晚秋
210	六道木	*Abelia biflora* Turcz.	忍冬科	落叶灌木	耐阴,耐寒,喜湿润	2~3月
211	糯米条	*Abelia chinensis* R. Br.	忍冬科	落叶灌木	喜光,稍耐阴,耐干旱瘠薄	7~9月
212	金银花	*Lonicera japonica* Thunb.	忍冬科	常绿灌木	喜光,性强健,耐阴,耐寒,耐干旱,耐水湿	4~6月

表 B.1 浙江省公路绿化植物习性表(续)

植物编号	植物名称	拉丁名	科名	种类	生态习性	花期
213	金银木	*Lonicera maackii* (Rupr.) Maxim.	忍冬科	落叶灌木	性强健,喜光,耐阴,耐寒,耐干旱,耐水湿	5~6月
214	珊瑚树	*Viburnum odoratissimum* Ker-Gawl.	忍冬科	常绿小乔或灌木	喜光,耐阴,喜温暖湿润气候	4~5月
215	海仙花	*Weigela coraeensis* Thunb.	忍冬科	落叶灌木	喜光,稍耐阴,喜湿润肥沃土壤,有一定耐寒性	5~7月
216	金鸡菊	*Coreopsis drummondii* Torr. et Gray	菊科	草本	耐寒耐旱,对土壤要求不高,喜光,耐半阴,适应性强,对二氧化硫有较强的抗性	7~8月
217	大吴风草	*Farfugium japonicum* (L. f.) Kitam.	菊科	草本	喜半阴湿润,较耐寒,不择土壤	7~10月
218	金边阔叶麦冬	*Liriope platyphylla* Wang et Tang var. *variegata* Hort.	百合科	草本	喜湿润肥沃的土壤和半阴的环境,耐寒,耐热,耐湿,耐旱	5~9月
219	阔叶麦冬	*Liriope platyphylla* Wang et Tang	百合科	草本	喜阴湿温暖,稍耐寒,适应性强	7~8月
220	山麦冬	*Liriope spicata* (Thunb.) Lour.	百合科	草本	喜阴湿,喜肥沃土壤,忌阳光直射	5~7月
221	麦冬(书带草)	*Ophiopogon japonicus* (L. f.) Ker-Gawl.	百合科	草本	喜半阴,喜湿润而通风良好的环境,耐寒性强	6~8月
222	萱草	*Hemerocallis fulva* (L.) Linn.	百合科	草本	喜光,耐半阴,耐干旱,耐寒,可露地越冬,适应性强	6~8月
223	大花萱草	*Hemerocallis middendorfii* Trautv. et Mey.	百合科	草本	喜光,耐寒性强,耐半阴	7~8月
224	玉簪	*Hosta plantaginea* (Lam.) Aschers.	百合科	草本	性强健,耐寒冷,喜阴湿,畏强光直射,耐酷暑	7~9月
225	兰花三七	*Liriope zhejiangensis* G. H. Xia & G. Y. Li	百合科	草本	耐寒,耐热,可生长于微碱性土壤,对光照适应性强	7~8月
226	沿阶草	*Ophiopogon bodinieri* Lévl.	百合科	草本	耐阴,耐湿,耐寒,耐旱,耐热	6~8月

表 B.1　浙江省公路绿化植物习性表(续)

植物编号	植物名称	拉 丁 名	科名	种类	生 态 习 性	花期
227	吉祥草	*Reineckia carnea* (Andr.) Kunth	百合科	草本	喜温暖阴湿气候,较耐寒,不耐涝	7~11月
228	石蒜	*Lycoris radiata* (L'Her.) Herb.	石蒜科	草本	耐寒,喜阴,喜酸性土壤	8~9月
229	换锦花	*Lycoris sprengeri* Comes ex Baker	石蒜科	草本	喜光,喜潮湿,耐半阴,耐干旱	8~9月
230	葱兰	*Zephyranthes candida* (Lindl.) Herb.	石蒜科	草本	喜光,喜温暖湿润气候,耐半阴,较耐寒	8~11月
231	韭兰	*Zephyranthes grandiflora* Lindl.	石蒜科	草本	喜光,耐半阴,喜温暖湿润气候,较耐寒,性强健,耐旱抗高温,怕水淹,适应性强	4~9月
232	蝴蝶花	*Iris japonica* Thunb.	鸢尾科	草本	耐寒,喜光,喜凉爽,喜肥沃排水良好的土壤	3~4月
233	凤尾竹	*Bambusa multiplex* (Lour.) Raeusch. ex Schult. 'Fernleaf' R. A. Young	禾本科	竹类	喜温暖湿润气候,不耐寒	—
234	假俭草	*Eremochloa ophiuroides* (Munro) Hack.	禾本科	草本	喜光,稍耐半阴,耐旱,耐踏,耐修剪	6~10月
235	小糠草(巨序剪股颖)	*Agrostis gigantea* Roth	禾本科	草本	适应性强,耐寒,耐热,喜湿润土壤,耐旱	—
236	孝顺竹	*Bambusa multiplex* (Lour.) Raeusch. ex Schult.	禾本科	竹类	喜光,稍耐阴,喜温暖湿润环境,不耐寒,喜深厚肥沃排水良好的土壤	—
237	狗牙根	*Cynodon dactylon* (L.) Pers.	禾本科	草本	喜光,耐半阴,耐寒,耐湿,适应性强	5~10月
238	羊茅	*Festuca ovina* Linn.	禾本科	草本	耐寒,耐旱,耐湿	5~8月
239	箬竹	*Indocalamus tessellatus* (Munro) Keng f.	禾本科	竹类	喜温暖湿润气候,不耐寒	6~7月
240	黑麦草	*Lolium perenne* Linn.	禾本科	草本	喜光,喜温凉湿润气候,耐湿,不耐旱	—
241	淡竹	*Phyllostachys glauca* McClure	禾本科	竹类	耐寒,耐旱	6月
242	毛竹	*Phyllostachys heterocycla* (Carr.) Mitford 'Pubescens'	禾本科	竹类	喜温暖湿润气候,不耐寒	5~8月

表 B.1　浙江省公路绿化植物习性表(续)

植物编号	植物名称	拉　丁　名	科名	种类	生 态 习 性	花期
243	紫竹	*Phyllostachys nigra* (Lodd. ex Lindl.) Munro	禾本科	竹类	喜温暖湿润气候,稍耐寒,耐阴	—
244	雷竹	*Phyllostachys praecox* C. D. Chu et C. S. Chao 'Prevernalis'	禾本科	竹类	喜温暖湿润气候,耐霜	—
245	刚竹	*Phyllostachys sulphurea* (Carr.) A. et C. Riv. 'Viridis'	禾本科	竹类	喜肥深厚肥沃土壤,适应性较强,较耐寒,耐盐碱	—
246	早熟禾	*Poa annua* Linn.	禾本科	草本	喜温暖湿润气候,耐寒,耐修剪	4~5月
247	菲白竹	*Sasa fortunei* (Van Houtte) Fiori	禾本科	竹类	喜温暖湿润气候,耐阴,浅根性	—
248	香根草	*Vetiveria zizanioides* (L.) Nash	禾本科	草本	耐旱,耐瘠,耐强酸、强碱	—
249	结缕草	*Zoysia japonica* Steud.	禾本科	草本	喜光,不耐阴,再生力强,适应性强,抗高温,耐寒,抗旱	—
250	马尼拉草★	*Zoysia matrella* (L.) Merr.	禾本科	草本	喜温暖湿润气候,抗干旱,耐瘠薄	—
251	中华结缕草	*Zoysia sinica* Hance	禾本科	草本	喜温暖气候,适应性强,耐湿,耐旱,耐盐碱	—
252	细叶结缕草	*Zoysia tenuifolia* Willd. ex Trin.	禾本科	草本	喜温暖气候和湿润的土壤,有较强的抗旱性,耐寒性和耐阴性较差,对土壤要求不高	—
253	棕榈	*Trachycarpus fortunei* (Hook.) H. Wendl.	棕榈科	常绿乔木	稍耐阴,喜温暖湿润气候,不耐寒,抗污染	4月
254	石菖蒲	*Acorus tatarinowii* Schott	天南星科	草本	喜阴湿环境,忌强光,不耐干旱,稍耐寒	2~6月
255	旱伞草	*Cyperus alternifolius* Linn.	莎草科	草本	喜温暖、阴湿及通风良好的环境,适应性强,不耐寒	—
256	花叶美人蕉	*Canna glauca* Linn.	美人蕉科	草本	喜高温、高湿、阳光充足的气候,喜深厚肥沃的酸性土壤,耐半阴,不耐瘠薄,忌干旱,不耐寒	7~10月
257	美人蕉	*Canna indica* Linn.	美人蕉科	草本	喜高温,怕强风及霜冻,耐湿	3~12月
注:右上角标注"★"的植物为高固碳植物,标注"▲"的植物可作为生物隔离栅。						

附 录 C
（资料性附录）
主要绿化植物特性

主要绿化植物及其特性参见表 C.1 ~ 表 C.5。

C.1 主要乔木特性

植物特性	植物图片
名　　称:浙江樟 拉 丁 名:*Cinnamomum japonicum* Sieb. 种　　类:常绿乔木 科　　属:樟科樟属 生态习性:喜温暖湿润气候,抗污染 观赏特性:树姿优美,观赏价值高 景观用途:行道树、庭园树	
名　　称:香樟 拉 丁 名:*Cinnamomum camphora*（L.）presl 种　　类:常绿乔木 科　　属:樟科樟属 生态习性:喜光,喜温暖湿润气候,耐湿,抗风,抗污染,深根性 观赏特性:树形优美 景观用途:庭荫树、景观树	
名　　称:二乔玉兰 拉 丁 名:*Magnolia soulangeana*（Soul. －Bod.）D. L. Fu 种　　类:落叶乔木 科　　属:木兰科木兰属 生态习性:喜光,耐寒,耐旱 观赏特性:花大色艳,观赏价值很高 景观用途:孤植、片植	

C.1 主要乔木特性(续)

植物特性	植物图片
名　　称:银杏 拉 丁 名:*Ginkgo biloba* Linn. 种　　类:落叶乔木 科　　属:银杏科银杏属 生态习性:喜光,耐寒,不耐积水,抗污染,深根性 观赏特性:秋色叶金黄,树形优美 景观用途:庭荫树、行道树	
名　　称:雪松 拉 丁 名:*Cedrus deodara* (Roxb.) G. Don. 种　　类:常绿乔木 科　　属:松科雪松属 生态习性:喜温暖湿润气候,浅根性 观赏特性:树体高大,树形优美,树冠大 景观用途:庭园观赏	
名　　称:木芙蓉 拉 丁 名:*Hibiscus mutabilis* Linn. 种　　类:落叶小乔木 科　　属:锦葵科木槿属 生态习性:喜温暖湿润气候,喜酸性土壤 观赏特性:花大而色丽,枝干形态优美 景观用途:庭院、坡地、路边及建筑前	

C.1 主要乔木特性(续)

植 物 特 性	植 物 图 片
名　　称:紫薇 拉 丁 名:*Lagerstroemia indica* Linn. 种　　类:落叶小乔木 科　　属:千屈菜科紫薇属 生态习性:喜光,耐阴,喜温暖湿润气候,不耐寒,耐旱,耐涝,抗污染 观赏特性:花色鲜艳美丽,花期长 景观用途:庭园观赏	

C.2 主要灌木特性

植 物 特 性	植 物 图 片
名　　称:红叶石楠 拉 丁 名:*Photinia fraseri* Dress 种　　类:常绿灌木 科　　属:蔷薇科石楠属 生态习性:喜光,喜温暖湿润气候,耐旱,不耐湿,耐贫瘠与盐碱 观赏特性:观叶 景观用途:庭植观赏、绿篱	
名　　称:金叶女贞 拉 丁 名:*Ligustrum* × *vicaryi* Hort 种　　类:常绿灌木 科　　属:木犀科女贞属 生态习性:喜光,耐旱,耐寒 观赏特性:观叶 景观用途:护坡固堤、绿篱	
名　　称:红花檵木 拉 丁 名:*Loropetalum chinense* var. *rubrum* Yieh 种　　类:常绿灌木 科　　属:金缕梅科檵木属 生态习性:喜光,耐寒,耐旱,耐贫瘠,耐修剪 观赏特性:观叶、观花 景观用途:园林绿化	

C.2 主要灌木特性(续)

植物特性	植物图片
名　　称:木槿 拉 丁 名:*Hibiscus syriacus* Linn. 种　　类:落叶灌木 科　　属:锦葵科木槿属 生态习性:喜光,喜温暖湿润气候,不耐寒 观赏特性:观花 景观用途:花篱、绿篱	
名　　称:夹竹桃 拉 丁 名:*Nerium indicum* Mill. 种　　类:常绿灌木 科　　属:夹竹桃科夹竹桃属 生态习性:喜光,喜温暖湿润气候,耐盐碱,抗污染 观赏特性:观叶、观花 景观用途:庭院观赏、丛植	
名　　称:海桐 拉 丁 名:*Pittosporum tobira* (Thunb.) Ait. 种　　类:常绿灌木 科　　属:海桐科海桐花属 生态习性:喜温暖湿润气候,不耐寒,耐盐碱,抗风,抗污染 观赏特性:观叶 景观用途:绿篱、庭植观赏	
名　　称:金樱子 拉 丁 名:*Rosa laevigata* Michx. 种　　类:常绿攀缘灌木 科　　属:蔷薇科蔷薇属 生态习性:喜阳光,耐半阴,较耐寒,抗性较强 观赏特性:观花 景观用途:刺篱	
名　　称:南天竹 拉 丁 名:*Nandina domestica* Thunb. 种　　类:常绿灌木 科　　属:小檗科南天竹属 生态习性:喜温暖湿润气候 观赏特性:秋冬叶色变红,有红果,赏叶观果的佳品 景观用途:造园、盆景	

C.3 主要竹类特性

植物特性	植物图片
名　　称:孝顺竹 拉 丁 名:*Bambusa multiplex* (Lour.) Raeusch. ex Schult. 种　　类:竹类 科　　属:禾本科簕竹属 生态习性:喜温暖湿润气候,不耐寒 观赏特性:观形 景观用途:宅院、草坪角隅、建筑物前或河岸种植	
名　　称:毛竹 拉 丁 名:*Phyllostachys heterocycla* (Carr.) Mitford 'Pubescens' 种　　类:竹类 科　　属:禾本科 生态习性:喜光,喜温暖湿润气候,不耐寒,不耐积水淹浸 观赏特性:观形 景观用途:造林,造景	
名　　称:凤尾竹 拉 丁 名:*Bambusa multiplex* (Lour.) Raeusch. ex Schult. 'Fernleaf' R. A. Young 种　　类:竹类 科　　属:禾本科 生态习性:喜光,喜温暖湿润气候,不耐寒,不耐积水淹浸 观赏特性:观形 景观用途:绿篱或建筑物前	

C.4 主要藤本特性

植物特性	植物图片
名　　称:爬山虎 拉 丁 名:*Euphorbia humifusa* Willd. ex Schlecht. 种　　类:落叶藤本 科　　属:葡萄科爬山虎属 生态习性:喜阴,喜温暖湿润气候,耐湿,抗污染 观赏特性:观叶 景观用途:攀缘山石、棚架、墙壁,主要用于垂直绿化	

C.4　主要藤本特性(续)

植 物 特 性	植 物 图 片
名　　称:凌霄 拉 丁 名:*Campsis grandiflora* (Thunb.) Schum. 种　　类:落叶藤本 科　　属:紫葳科凌霄属 生态习性:喜光,喜温暖湿润气候,耐寒 观赏特性:观叶、观花 景观用途:棚架和垂直绿化的优良藤本植物	
名　　称:常春油麻藤 拉 丁 名:*Mucuna sempervirens* Hemsl. 种　　类:常绿藤木 科　　属:豆科油麻属 生态习性:耐阴,喜温暖湿润气候,耐旱 观赏特性:观叶、观花 景观用途:棚架和垂直绿化的优良藤本植物	

C.5　主要草本特性

植 物 特 性	植 物 图 片
名　　称:狗牙根 拉 丁 名:*Cynodon dactylon* (L.) Pers. 种　　类:草本 科　　属:禾本科狗牙根属 生态习性:喜光,不耐阴,不耐寒,耐湿,耐踏 景观用途:绿地、公园、风景区、运动场和高尔夫球场发球区的草坪建植,也可作保土草坪	
名　　称:黑麦草 拉 丁 名:*Lolium perenne* Linn. 种　　类:草本 科　　属:禾本科黑麦草属 生态习性:喜光,不耐阴,喜温暖湿润气候,不耐寒,怕旱 景观用途:绿地、高尔夫球道常用草	

C.5 主要草本特性(续)

植 物 特 性	植 物 图 片
名　　称:葱兰 拉 丁 名:*Zephyranthes grandiflora* Lindl. 种　　类:草本 科　　属:石蒜科葱莲属 生态习性:喜光,耐阴,耐湿,喜肥沃土壤 观赏特性:观花 景观用途:园林地被植物,也可作为花坛、花径的镶边材料	
名　　称:白三叶 拉 丁 名:*Trifolium repens* Linn. 种　　类:草本 科　　属:豆科车轴草属 生态习性:喜阳,耐阴,耐寒,耐热,耐霜,耐旱,耐践踏,耐贫瘠 观赏特性:观花、观叶 景观用途:地被	

附　录　D
（资料性附录）
公路绿化效果图

公路路侧和分隔带绿化效果见图 D.1 ~ 图 D.8；公路隧道绿化效果见图 D.9；公路互通绿化效果见图 D.10 ~ 图 D.13；公路沿线设施绿化效果见图 D.14 和图 D.15。

图 D.1　公路路侧和分隔带绿化效果图（一）

图 D.2　公路路侧和分隔带绿化效果图（二）

图 D.3　公路路侧和分隔带绿化效果图（三）

图 D.4　公路路侧和分隔带绿化效果图(四)

图 D.5　公路路侧和分隔带绿化效果图(五)

图 D.6　公路路侧和分隔带绿化效果图(六)

图 D.7　公路路侧和分隔带绿化效果图(七)

图 D.8　公路路侧和分隔带绿化效果图(八)

图 D.9　公路隧道绿化效果图

图 D.10　公路互通绿化效果图(一)

图 D.11　公路互通绿化效果图(二)

图 D.12　公路互通绿化效果图(三)

图 D.13　公路互通绿化效果图(四)

图 D.14　公路沿线设施绿化效果图(一)

图 D.15　公路沿线设施绿化效果图(二)